**대형주
추세추종 투자법칙**

TREND FOLLOWING

대형주 추세추종 투자법칙

130만 원으로
20억 만든
주식 실전 매매 전략

이종호(전황) 지음

사피엔테스

/ 추천사 /

트레이딩으로 돈을 벌 수 있는 '절대 비법' 같은 것은 존재하지 않는다. 스스로 고민과 반성을 통해 성장하는 것이야말로 진정한 실력이 된다. 전황은 수익이 나지 않는 혹독한 몇 년을 견뎌 냈다. 꾸준한 노력과 시장 변화에 끊임없이 적응하려는 그의 태도야말로 놀라운 성장의 비법임을 스스로 증명해 냈다. '느리지만 꾸준히' 성장한 트레이더의 몇 년이 한 권의 책에 담겨 있다.

- 전업트레이더, '회색인간의 매크로' 운영자, 회색인간

주식시장은 정말 무서운 곳이다. 하루에도 수없이 위기가 오가고, 때로는 단 한 번의 선택이 인생을 바꿀 만큼 무서운 결과를 남기기도 한다. 그런 세계에서 10년 넘게 매일 단타 매매로 생계를 이어 간다는 것은 결코 쉽지 않다. 전황은 오랜 시간 주식시장에서 치열하게 부딪히며 살아온 전업트레이더다. 단순한 이론이나 지식이 아니라, 실제로 주식시장과 싸워 온 경험을 몸소 증명해 왔다. 투자는 단순히 돈을 버는 기술이 아니라, 끝없는 자기 성찰과 경험이 필요하다는 사실을 이 책을 통해 많은 분이 느끼길 바란다. 전황이 견뎌 온 시간과 진심이 독자 여러분의 투자 여정에 든든한 힘이 되기를 기대한다.

- 13년 차 전업트레이더, 수급내길

전황은 주식시장에서 10년 동안 꾸준히 우상향 성장을 해온 트레이더다. 누구나 접근할 수 있는 주식시장에 머물며 잠깐 반짝였다가 사라지는 수많은 별을 봤다. 특히 10년 이상의 세월 동안 지속적인 성장을 보여 주는 트레이더는 정말 드물다. 결국 시장에서 살아남는 힘은 단기간의 성과가 아니라 꾸준히 위로 올라갈 수 있는 방향성과 확장성이다. 자신의 원칙을 실천하고, 필요할 땐 끊임없이 수정과 보완을 해나가는 태도가 핵심이다. 전황은 지난 세월 동안 수많은 고민과 시행착오를 겪으면서도 절대 꺾이지 않고 꾸준히 자신의 길을 걸었다. 그의 발자취를 요약해 담아낸 이 책은 당신의 주식 인생에서 불필요한 시행착오를 단축해줄 훌륭한 지침서가 될 것이다.

- 7년 차 전업트레이더, 기세진

세상에는 두 부류의 트레이더가 있다. 살아남은 자와 그렇지 못한 자다. 모두가 테마주를 바라보던 순간에도 대형주를 향한 그의 묵직한 뚝심은 꺾이지 않았다. 혹독한 시장에서 끝까지 살아남은 전황이 세운 기록은 우리에게 매매의 본질을 이야기한다. 더트레이딩 대표 강사이자, 탑 트레이더 전황의 책은 주식투자의 정석으로 남을 것이다.

- 더트레이딩 대표, 서희파더

전황은 초기 자본금 130만 원으로 1,500배가 넘는 수익을 달성한 성공 신화다. 외인과 기관 수급 매매의 레전드라고도 부를 수 있을 것이다. 그는 정석 수급 매매의 교과서이자 국내 시장에서 10년이 넘는 시간 동안 생존한 대형주 매매의 달인이다. 따라서 이 책은 국내 주식투자자의 필독서가 될 것임이 틀림없다. 수급 추세 매매가 궁금하신 분께 강력히 추천한다.

- 수급만쥬왕 네이버 프리미엄콘텐츠 대표, 수급단타왕

머리말

　항상 궁금했다. 1년 365일 중 360일을 일하는 아버지의 근면성실함은 과연 그에 합당한 보상을 받고 있는가. 1년에 단 5일뿐인 휴식을 당연하게 받아들이며 "원래 가장은 그렇게 산다"던 그 말은 정말 옳은가. 성실한 아버지와 헌신적인 어머니 아래에서 나는 착실한 유년기를 보냈다. 부모님은 그리 넉넉하지 않은 살림을 아껴 자식을 유학까지 보내 주실 만큼 열심히 살아주셨다. 그러나 아이러니하게도 내게는 그런 성실함이 늘 무겁게만 느껴졌다. 1년에 단 5일밖에 쉬지 못하는 삶에서도 우리 가족의 행복이 충분하다고 믿어야 했고, 어머니의 헌신은 자신을 희생해 내어주시는 일이었다. 부모님 덕분에 생활은 평범하거나 그보다 나았지만 나는 늘 더 많은 것을 원했다. '근면하지 않아도, 헌신하지 않아도, 시간을 허투

루 쓰면서도 행복할 수 있지 않을까?'라는 의문이 들었다. 철없던 20대의 나는 몰랐다. 근면함이 얼마나 안전한 길이고, 헌신이 얼마나 위대한 사랑이며, 시간을 낭비하는 일이 얼마나 무모한지 제대로 알지 못했다. 그렇게 나는 허상을 좇아 주식이라는 길에 들어섰다. 그나마 다행이라면 스무 살의 철없는 선택이 15년 동안은 버텨주어 지금 이렇게 생존기를 남길 수 있게 되었다는 점이다.

처음엔 주식이 가장 쉬운 길인 줄 알았다. 결과론적인 이야기라 누군가는 지금의 나를 보며 오만하다고 할지 모른다. 누차 말하듯 그건 철없던 20대의 생각일 뿐이다. 2010년, 내가 주식을 시작하던 그때 많은 사람은 주식을 '패가망신의 지름길'로 여겼고 실제로 그런 사례도 많았다. 사람들의 따가운 시선 속에서 '주식한다'는 말을 내 입으로 꺼내기조차 쉽지 않았다. 주식하는 사람은 '곧 나락으로 갈 사람'이거나 '이미 나락에 빠진 사람'쯤으로 여겨졌다. 그도 그럴 것이, 지금도 그렇지만 당시 주식시장은 오직 테마주 중심이었다. 뉴스에 따라 주가가 오르내리고, 소문에 기대어 주식을 사고파는 시장이었다. 사람들은 우르르 몰려갔다가 맥없이 무너졌고, 운 좋게 대박이 터지면 추앙의 대상이 되었다. 물론 그들이 지금도 주식을 하는지, 이 시장에서 여전히 살아남았는지는 알 수 없다.

다시 오늘로 돌아오면 나는 15년 차 전업 트레이더이자 '월억 트레이더'로도 불린다. 나의 가장 큰 자랑은 15년 동안 시장에서 살아남았다는 것이고, 두 번째 자랑도 결국 살아남았다는 점이다. 계좌가 증명하는 수익은 내 개인의 기쁨일 뿐, 대단한 트레이더들에 비하면 여전히 부족하다고 생각하니 자랑할 일은 아니다. 그렇다면 나는 어떻게 살아남았을까? 20대의 나는 남들이 하는 건 다 따라 했다가 망했다. 테마주에 들어갔다가 물리고, 터지며, 박살났다. 그래도 끈기는 있어서 막노동도 하고, 밤에 아르바이트도 뛰며 다시 도전했다. 그런데 또 박살났다. 그럼에도 간간이 터져 준 고마운 종목들 덕분에 운 좋게 생존을 이어 갔다. 30대가 되어 결혼을 앞두고서도 또 한 번 박살났다. 대북주에 제대로 물리고 나서야 깨달았다.

'아, 나는 테마주를 매매할 그릇이 못 되는구나.'

유행을 가장 먼저 선도하는 사람이 있고, 유행이 퍼지는 비슷한 속도나 혹은 조금 늦게 그것을 확산하는 사람이 있다. 인플루언서나 파워블로거가 그런 부류라고 본다. 나처럼 평범한 보통 사람들은 그들을 보며 유행을 파악한다. 어쩌면 유행이 다 끝난 다음일 수도 있다. 이러한 빠른 속도는 아무리 노력해도 따라잡을 수 없었다. 그건 지능의 문제가 아니라 감각의 문제였다. 감각적으로 빠르게 무언가를 정확히 알아채는 이가 있는가 하면, 나처럼 느리고 둔한 이도 있다. 아무리 노력해도 타고난 사람을 이길 수는 없었다. 기질은 공학도인데 예술가가 되려 하니 되겠는가? 흉내는 낼 수 있어도, 애초에 타고난 기질이 다르니 결코 같을 수는 없었다.

그래서 나는 '파도'가 아니라 '바다'에 집중하기로 했다. 바람에 일렁이는 파도를 붙잡으려 하지 않고 묵직한 해류의 흐름을 보기로 했다. 대형주는 잘 움직이지 않아 재미없다는 편견이 강했지만 나는 이를 달리 보았다. 당장은 2% 수익이 낮아 보여도 비중이 커지면 더 큰 눈덩이가 되어 수익을 가져다줄 것이라 확신했다. 모든 매매에는 리스크가 따르지만 테마주에 던지는 리스크는 내가 감당할 자신이 없었다. 반면 시가총액이 큰 대형주는 어느 정도의 리스크를 감수할 수 있다고 생각했다. 모든 매매에서 이길 수는 없다. 대신 감당 가능한 범주 안에서 손절을 받아들인다면 결과적으로 계좌를 우상향시킬 확률은 더 커진다고 생각했다.

느리고 묵직한 매매, 그것은 타고난 감각이 부족한 내가 어쩔 수 없이 선택할 수밖에 없는 방식이었다. '단타는 짧고 강해야 한다'는 고정관념에서 벗어나자 비로소 나만의 매매가 보였다. 계좌가 작을 때는 한없이 더뎌 보였지만 계좌가 커질수록 수익의 눈덩이도 커졌다. 매매가 느려질수록 호가창을 들여다보는 시간은 줄었다. 오전에 잠깐, 오후에 잠깐. 매매시간을 의도적으로 줄여 나갔고, 다시 몇 년이 흘렀다. 그 오랜 시간 동안의 노력이 켜켜이 쌓였고, 이제는 책을 쓸 수 있을 만큼의 성과가 되었다.

하나의 공부를 10년 넘게 하면 최소한 그 분야의 전문가는 된다고들 한다. 그런데 왜 주식은 10년을 해도 제자리걸음일까? 최소한 주식을 처음 하는 사람보다는 나아야 하지 않을까? 주식에는 '연차'의 개념이 아무런 의미가 없다. 자신을 스스로 바꾸는 일이란 정말 어렵기 때문이다. 사람들은 차트와 기법에만 몰두하고 정작 중요한 '자신'을 돌아보지 않는다. 내가 어떤 기질을 가졌고 어떤 매매가 나에게 맞는지에 대한 고민보다, 남들이 다 똑같이 하는 매매의 방법적인 측면에만 매달린다.

이 책은 이미 자신의 매매를 확실히 해내는 이에게는 필요 없다. 하지만 주식을 처음 시작하는 이에게는 매매의 도파민에 빠지지 않고 본질에 접근하는 태도를 익히는 데 요긴할 것이다. 또 오랫동안 주식을 했음에도 여전히 성장이 지지부진한 이에게도 유익할 수 있다. 매체를 떠도는 수많은 정보에 속지 않고, 내가 바라봐야 할 시황과 관점을 잡아가는 데 도움이 될 것이다.

어릴 적 내가 꿈꿨던 세 가지 소원이 있었다. 나와 놀아주는 아버지와 사랑만으로도 충분한 어머니, 강이 보이는 넓고

깨끗한 아파트였다. 다행히 마흔이 되기 전에 모두 이루었다. 책을 쓰며 가장 고민했던 건 '이 글이 누군가에게 잘못된 개념을 심어주지는 않을까?' 하는 우려였다. 하지만 이 책이 누군가에게 브레이크가 되어 성급한 매매의 속도를 늦추게 한다면, 그 정도로도 충분히 의미 있다고 생각한다. 언젠가 전망 좋은 곳에서 우연히 만난 독자들과 커피를 마실 수 있기를 바란다. 그때까지 내가 시장에서 잘 살아남아 있기를 바라며, 이 책이 여러분에게 성장의 작은 실마리가 되고 새로운 투자 영감이 되길 바란다.

호수와 바다가 보이는 인천 송도에서

이종호(전황)

차례

추천사 • 4
머리말 • 6

1장 주식시장의 본질을 찾아서

나는 왜 하필 주식이었을까	• 19
주식의 상승 원리, 바다와 같은 시장	• 22
트레이더의 기본 자질, 자기객관화	• 28
나만의 매매법을 찾아서	• 33
소박한 꿈과 전업투자자로서의 증명	• 36
매매기법과 완벽한 수익모델에 관한 환상	• 42

2장 매매의 근본, 트레이더 뷰

트레이더 뷰, 전황 매매의 중심이 되다	• 49
주식투자의 관점은 어떻게 만들어지는가?	• 57
넘치는 정보, 소음을 걸러내라	• 63
트레이더 뷰 작성 핵심 포인트	• 68

3장 돈의 흐름을 좇는 법, 시황

시황이란 무엇인가?	· 75
정량적으로 분석하는 시황과 유동성 공급	· 79
무엇이 실제로 주목받는가, 상대강도	· 83
지수의 추세 구간에 따른 비중조절	· 87
시장의 트렌드는 어떻게 바뀌는가?	· 92
시장 트렌드 변화의 예와 대체거래소	· 97

4장 전황 대형주 추세추종 트레이딩, 개념

다양한 유형의 매매 방식 · 107
데이 트레이더 · 108 | 스캘핑 트레이더 · 109 | 스윙 트레이더 · 110 | 가치주 투자자 · 112

주식시장 참여자를 이용하는 법 · 114

대형주 추세추종 트레이딩 배경의 이해 · 119
대형주와 베팅의 복리 · 119 | 분기, 반기별로 존재하는 한 해 시장의 주도 섹터 · 121
상반기 주도 섹터, 하반기는 주도하지 못한다 · 127

돈의 흐름, 섹터의 움직임 분석하기 · 130
60/120이평선을 활용한 추세 분석 · 130 | 외국인들이 섹터 전체를 사들일 때 · 134
반드시 대형주의 마지막 피날레를 확인할 것 · 136 | 실적 기대감과 시장 참여자들의 동의 · 140

나만의 매매 기법과 종목 선정 · 143

진정으로 '나의 기법'이라 할 수 있는 기준은? · 143 | 종목 선정, 어떻게 해야 하는가? · 145

베팅은 예술, 비중 베팅이 필요한 이유 · 151

비중을 공개하지 않는 계좌인증, 빨간 거짓말 · 151 | 적은 돈으로 비중을 싣기 위한 트레이딩 방법 · 153

손익비를 어떻게 맞출 것인가? · 158

5장 전황 대형주 추세추종 트레이딩, 실전

전황 트레이딩 플로우의 모든 것 · 169

장 시작 전 준비과정(4단계) · 171 | 1단계-조건검색 활용 · 172 | 2단계-재료 확인 · 173 | 3단계-차트의 위치 확인 · 175 | 4단계-타인의 관점 비교 · 180 | 장 시작 후 실행 과정 · 180

시나리오 트레이딩 · 186

관심종목, 매매할 종목 선정 디테일과 체크포인트 · 190

관심종목 선정의 디테일 · 190 | 매매할 종목 선정의 디테일 · 195

매매 구역(ZONE) 설정하기 · 199

어디에서 매매할 것인가? · 199 | 전황의 매매 구역(JH ZONE) · 202 | 차트상 고점 대비 하락률 선 설정법 · 207

대형주 추세추종, 실전 매매 예시 · 214

NAVER 진입과 청산 · 219 | 두산에너빌리티 진입과 청산 · 222 | SK이노베이션 진입과 청산 · 232

손절매의 노하우 · 234

큰 상승 다음에는 큰 폭락이 · 241
언제 수익을 확정하거나 손실을 인정하는가? · 245
트레이딩 전략에 따라서 달라지는 손절매 · 245 | 확실할 때는 3일도 기다릴 수 있어야 한다 · 247 | 최후의 방어선을 지키는 금액 손절 · 249

6장 끝까지 살아남는 트레이더의 공부법

특정 매매 패턴이 항상 시장에 먹힐까? · 255
주식 공부에 효율이 필요한 이유 · 260
베팅 방법론과 계좌 관리의 중요성 · 264
매일 한결같은 루틴 · 275
항상 삶의 루틴이 일정하도록 · 275 | 주식시장 오픈하기 전에 하는 일 · 277 | 10시 30분까지 매매 집중, 2시까지 한 박자 쉬기 · 279 | 2시 이후 다음 날 준비, 종가 베팅 준비 · 279 | 주식시장이 끝나면 매매일지 작성 · 280 | 언제나 배우는 자세와 굳건한 마인드 · 281

전황 실제 계좌 인증 · 285

1장

주식시장의 본질을 찾아서

TREND FOLLOWING
WITH
LARGE-CAPS

나는 왜 하필 주식이었을까

    어릴 적 큰 꿈은 없었다. 다만 강이 보이는 30평대 아파트에서 아들과 딸을 키우며 살고 싶었다. 그게 내 삶의 목표였다. 한때는 굉장히 쉬운 소원이라 여겼다. 그런데 스무 살이 되어 세상을 바라보니 그 꿈은 정말 '꿈'일 수도 있겠다는 생각이 들었다. 학창 시절 내내 공부만 했고, 대학에 가서도 공부만 했다. 유학까지 다녀왔지만 그 가벼운 소원을 이룰 자신이 없었다. 핵심은 '자본'이었다. 나는 자본주의 시대를 살고 있다. 결국 사소한 것 하나까지 자본을 떠나서는 아무것도 할 수 없다는 결론에 이르렀다. 그럼 돈을 버는 방법은 무엇일까? 남보다 빨리, 그리고 많은 돈을 벌 방법부터 찾기 시작했다. 20대 초반의 나는 주식에서 답을 찾았다.

시작은 '팍스넷'이었다. 당시 유명한 트레이더들이 팍스넷에 등장했고, 그들의 화려한 성공 스토리가 회자됐다.

'주식을 하면 나도 이들처럼 성공할 수 있겠구나. 그것도 짧고 강렬하게.'

화려함에 눈이 먼 나는 그대로 주식쟁이가 되기로 결심했다. 하지만 투자금이 없었다. 스물다섯 살. 현대중공업에 일용직으로 들어가 가장 험한 막노동을 시작했다. 3개월 동안 굳은일을 하며 겨우 천만 원을 모았다. 몸은 힘들었지만, 상상의 나래를 펼치며 팍스넷에서 고수들의 글을 탐닉하는 일이 유일한 즐거움이었다. 천만 원을 모으자마자 일을 그만두고 상상 속으로 뛰어들었다. 단 두 달 만에 500만 원이 사라졌다. 선택의 순간이었다. 남은 500만 원을 들고 본분으로 돌아가 공부를 마치고 직업을 찾을 것인가, 아니면 그 500만 원을 시드로 다시 주식시장에 뛰어들 것인가.

나는 후자를 택했다. 500만 원 중 100만 원을 출금해 주식 강의를 들었다. 대학 강의도 열심히 안 듣던 내가 주식 강의에 큰돈을 썼다. 강의를 다 듣고 나니 확신이 생겼다. 이제 모든 것을 다 알게 됐다고 믿었다. 남은 400만 원을 주식 매수에 밀어 넣었다. 결과는 130만 원이라는 참혹한 잔액이었다. 여기서도 선택은 가능했다. 그냥 모든 것을 잊고 주식시장을 떠날 수도 있었다. '빚이 안 남은 게 어디냐'라며 스스로 위안할 수도 있었다. 그러나 이상하게도 포기하기가 싫었다. 포기할 마음이 없었다. 낮에는 주식을 매매해야 하니 밤에 돈을 벌 수 있는 일을 찾아야 했다. 유흥주점 웨이터 아르바이트를 시작했다. 낮에는 주식, 밤에는 주점에서 일했다. 참고로 그때의 기억이 워낙 강렬해 지금까지도 술을 입에 대지 않는다. 밤에 하는 일은 벌이가 꽤 쏠쏠했다. 200만 원 정도의 아르바이트 월급을 쪼개 투자했고, 남는 돈은 다시 쪼개 생활비로 썼다. 그렇게 두 달을 버티자 매매가 그럭저럭 안정되어 갔다. 치열하게, 목숨 걸고 매달린 결과였다. 130만 원은 그렇게 5천만 원으로 불어났다. 최악의 상황에서 내가 선택할 수 있었던 유일한 선택지가 나를 다시 살렸다.

20대에는 다양한 선택지가 있다. 사실 그 당시 내 주변에 주식투자를 하는 사람은 거의 없었다. 주식은 도박이라는 이미지가 더 강했다. 당당하게 전업투자자라고 말하는 것이 망설여지던 때였다. 어쩌면 부모님은 안정적인 선택을 놓친 아들을 보며 안타까우셨을 것이다. 친구들도 나를 두고 돈에 미친 놈으로 봤을지도 모른다. 하지만 지금 시점으로 보면 나는 확실히 좋은 선택을 했고, 아무도 당시의 내 선택을 비난하지 않는다. 세상은 달라졌다. 사람들은 주식을 가장 좋은 재테크 중 하나라고 여긴다. 주식을 전업으로 하든, 부업으로 하든, 자기 자본을 증식할 수 있는 훌륭한 수단으로 인정받은 것이다. '왜 하필 주식이었을까?' 하고 스스로 물어보곤 한다. 물론 여전히 그 질문에 대한 답을 찾는 중이다. 확실한 사실은 있다. '주식이 아니었으면 어땠을까?'라고 다시 묻는다면 답은 명확해진다. 주식이 아니었다면, 내가 바라던 결혼, 자녀, 아파트라는 소박한 그 세 가지 꿈을 마흔이 되기 전 이렇게 이뤄낼 수 있었을까.

주식의 상승 원리, 바다와 같은 시장

올림픽 경기 중 우연히 서핑Surfing 종목을 보게 됐다. 서핑의 올림픽 경기 규칙을 처음 알았다. 그런데 생각보다 이 룰Rule에는 억울한 측면이 있었다. 각 선수는 정해진 시간 동안 좋은 파도를 골라 탈 수 있는데, 문제는 '시간'이었다. 그리고 두 선수 중 우선권을 가진 선수가 특정 파도를 선택하면, 나머지 한 선수는 다음 파도를 무작정 기다려야만 했다. 그러니 서핑은 실력도 실력이지만 좋은 파도를 만나는 게 승패를 좌우하는 것이었다. 나는 경기를 한참 지켜보며 규칙이 참 불공정하다고 생각했다. 내가 가장 원하는 파도가 제시간에 와주는 것도 아닌데, '좋은 파도를 못 만나 서프보드 위에 올라타지 못한다면 얼마나 억울할까'라는 생각이었다. 그렇다면 내가 시청한 서핑 종목의 금메달은 누구에게 갔을까? 이전부터 언급된 강력한 우승 후보에게 돌아갔다. 내 관점에서는 경기 종목의 규칙이 선수들에게 한없이 불리해 보였지만, 결국 실력 있는 자가 승리한다는 모든 게임의 보편적 진리는 바뀌지 않은 것이다. 확실히 내가 본 그 선수는 가장 적합한 파도를 잘 골랐고, 잘 탔으며, 최고의 기량을 선보였다. 자칫 불공정해 보이는 경기의 규칙이나, 예측하기 어려운 파도는 경기의 변수로 크게 작용하지 않았다. 결국 서퍼의 실력이 경기의 승패를 좌우했다. 서핑 경기의 성질을 주식시장에 대입하면 어떨까?

시장은 바다와 같다. 우리가 시장을 멀리서 바라본다고 해보자. 시장에서 주가의 움직임은 마치 파도와 같다. 때론 거칠고, 때론 잔잔하다. 하지만 파도의 본질은 무엇인가? 결국 바다다. 파도는 바다의 표면이 움직이는 것일 뿐, 파도의 본질이 바다라는 사실을 절대 잊지 말아야 한다. 시각적으로 직접 보이는 주가 차트에서 주봉, 일봉을 면밀하게 관찰하는 것도 중요하지만 이러한 가격 움직임은 결국 거대한 바다 중 일부의 흔들림이라는 걸 늘 잊지 말아야 한다.

따라서 주식을 제대로 이해하기 위해서는 파도에 현혹되지 말고, 주식시장의 본질을 먼저 이해하는 일부터 시작해야 한다. 지금 세상이 어떤 산업을 요구하고 있는지, 자본의 주체는 어디인지, 수급이 몰리는 곳은 어디인지 등 전체적인 시장의 흐름을 이해하는 것이 가장 우선되어야 한다. 이러한 내용은 앞으로의 장에서 좀 더 구체적으로 다뤄보고자 한다. 앞서 언급했던 선수는 누구일까? 2024년 파리올림픽 Paris Olympics 서핑 종목 금메달리스트 카울리 바스트 Kauli Vaast다. 타히티^{Tahiti}에서 펼쳐진 서핑 시합에서 멋진 모습을 보여줬다. 그는 사실 타히티에서 나고 자란 인물이었다. 셀 수 없이 많은 타히티의 파도를 만나고 즐겨 온 그가 우승한 건 어쩌면 당연한 일이었다. 이건 우리에게 하나의 이야기를 더 남긴다. 시장에서 살아남아 승리하고 싶은가? 시장이라는 바다에서 질리도록 오랫동안 살아보자. 파도에 맞기를 두려워하지 말고 바다 자체를 사랑할 줄 알게 되면, 바다가 어떤 거센 파도로 우리를 몰아세워도 분명 그 파도에 올라탈 수 있을 것이다.

우리는 대개 처음 주식을 시작할 때 언론매체나 유튜브 등을 통해 배운다. 보통 주식투자자의 첫 시작은 대형주 거래가 많지만, 점점 더 변동성이 큰 주식 종목에 관심을 가지는 건 누구나 아는 평범한 사실이다. 그런데 여기서 중요한 것은 많은 사람이 '주식은 왜 상승하는가'에 대해 그다지 생각하지 않는다는 점이다. 그냥 '호재가 나왔으니 주식이 오른다' 정도로만 생각하지, 이 주식이 얼마나 당연하게 우상향해야 하는지 깊이 고민하지 않는다. 나도 한때는 그렇게 주식투자를 했고, 꾸준히 우상향한 종목들에 대해 제대로 이해하는 과정을 거치지 못했다. 그저 당일 장대양봉을 뽑은 주식에만 관심을 가지고 트레이딩했다. 그 시간 속에서 나의 실력을 크게 성장시키지 못했고, 고만고만하게 매매했다. 2023년이 지나가고 있었다. 우연히 장기 성장 추세를 만들며 10배 오른 다양한 주식들의 모습을 보게 됐다. '만약 내가 저렇게 오른 주식에서 트레이딩을 했다면, 더 큰 성공을 거둘 수 있지 않았을까?' 하는 생각이 들었다.

그 생각을 계기로 '주식은 도대체 왜 상승하는가'를 진지하게 고민

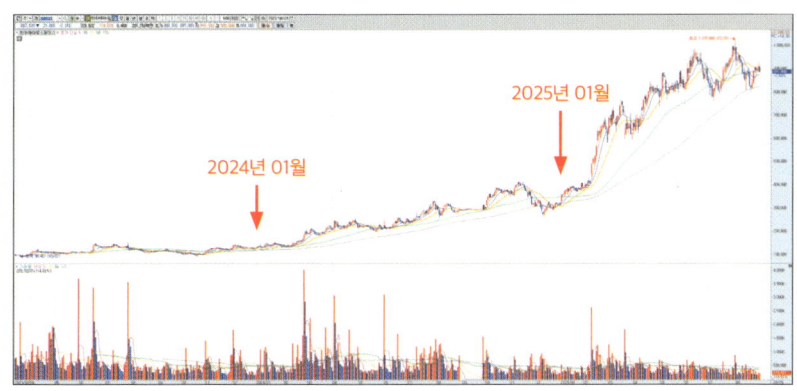

한화에어로스페이스_일봉(2023년~2025년 8월)

해봤다. 주식은 결국 실적에 의해 움직이는 것이었다. 그것도 지금의 실적이 아니라, 앞으로 1년, 3년, 5년 뒤를 내다보고 가격이 상승하는 것이다. 그러한 성장 기대감이 주식 가격을 끌어올리면서 10배 이상의 상승률을 만들어낸다.

이 글을 쓰고 있는 2025년 뜨거운 여름, 한화에어로스페이스, 현대로템을 대표로 하는 방산 섹터, 에이피알, 파마리서치를 대표로 하는 화장품 섹터, 한화오션, 현대중공업을 대표로 하는 조선 섹터만 해도 최소 5배에서 10배 이상 상승했다. 이들 주식은 지금 당장 오늘의 실적보다는 내년, 그 후년을 멀리 생각하고 상승한다. 한화에어로스페이스의 경우 2023년 3월 9만 원 대의 가격을 형성했지만, 2025년 8월 90만 원을 넘겨 10배 이상 오른 텐베거Ten-Bagger를 기록했다. 화장품 섹터의 파마리서치도 마찬가지다. 비슷한 시기 6~7만 원이었던 주가는 25년 8월, 역시 텐베거를 기록하며 70만 원을 넘어섰다. 바닥

파마리서치_일봉(2023년~2025년 8월)

에 주식을 사서 꼭대기에 팔면 된다는 하나 마나 한 소리를 하고자 함이 아니다. 예로 든 종목의 성장 기대감이 주가를 끌어올리며 상승하는 모습이 보이는가? 직접 눈으로 보고 느껴보는 일 자체가 중요하다는 뜻이다.

우리가 부동산 투자에서 성공하는 이유도 비슷하다. 미래에 충분한 가치가 있다고 생각되는 아파트가 재건축되었을 때를 기쁘게 상상하면서 자신의 포지션을 홀딩한다. 그럼 언젠가 답이 나온다. 주식도 마찬가지로 생각해야 한다. 지금 당장이 아니라, 회사가 꿈꾸는 미래가 현실이 되었을 때 실적은 어느 정도가 될 것이며, 그 회사의 가치는 얼마가 될 것인가에 베팅해야 한다. 반면에 주식 가격 상승에 관한 이유를 잘 모를 때도 있다. 가령 대통령과 인맥이 있다는 이유나, 그저 말도 안 되는 이유로 테마주가 형성되어 상승하기도 한다. 물론 이런 테마주를 잘 다루어 수익을 창출할 수도 있지만, 과연 그 성공이 나에게 반복될 수 있을 것인가에 대해서 꼭 생각해 봐야 한다. 주식은 결국 숫자로 직접 증명되는 미래 실적에 대한 기대감으로 상승한다. 당연히 우리는 앞으로 비즈니스를 더 잘해서 미래의 실적이 좋아질 것이라 믿는 회사에 베팅해야 한다.

트레이더의 기본 자질,
자기객관화

　누군가 한번 내게 조언을 구한 적이 있다. 주식으로 상당한 빚을 지고 있는데 이대로 매매를 이어 가도 좋은지에 대한 질문이었다. 그는 나보다 몇 살 더 많았고, 아이들을 키우고 있었다. 사실 이런 질문을 참 많이 받는다. 조금 냉정해 보일지 모르겠지만 주로 내 대답은 주식을 그만두라는 거다. 한 가지의 어떤 일을 10년 이상 하면, 보통 대부분은 중급자 이상의 실력으로 그 일을 할 수 있다. 정말 운이 좋아서 10년 만에 초고수가 될 수 있을지도 모른다. 어떤 일이든 타고난 재능을 가진 사람은 존재하고, 그들은 동일한 업종에서 타인의 평균보다 빠르게 두각을 낸다. 그런 사람들은 일단 논외로 두자. 아무리 주식이 어렵다고 해도 평범한 사람이 최소 10년 이상 투자했다면, 어느 정도 시장의 흐름을 읽을 수 있는 능력이 생긴다. 하지만 그 시간 동안에도 여전히 감을 못 잡고 있다면, 솔직히 그냥 포기하는 편이 나을지도 모른다. 왜냐하면 많은 시간을 충분히 투하했음에도 무언가 잘 안된다면, 아예 잘못된 방향으로 가고 있을지도 모르기 때문이다. 그래도 다행히 20대라면 방향을 전환할 기회가 얼마든지 있다. 더욱 정확하게 설명하자면, '모든 것을 포기하고도 몰입할 수 있는 시기'라면 가능하다는 것이다. 20대에는 포기할 게 별로 없다. 가진 게 없으니 버릴 것도 없다. 하지만 나이가 들수록 포기할 수 없는 것들이 늘어난다. 그러면 자신이 나아갈 방향을 전환하기가 더욱 힘들다. 포기할 수 없는 것에는 자기만의 고집도 포함돼 있다. 10년 동안 올바른 방향으로 주식을 해왔다고 생각했는데, 이 모든 것이 잘못되었다는 생각이 든다면 어떤 심정이겠는가? 비단 주식뿐만 아닐 것이다. 누구든 그런 생각이 드는 순간 진짜로 바꿀 수 있는 것은 몇 가지 없기 마련이다. 이제 나의 이야기로 돌아가 보자.

사람들은 전황을 두고 '느린 매매'를 좋아한다고 말한다. 사실이다. 하지만 처음부터 그랬던 건 아니다. 20대의 나는 주식시장을 처음 마주했다. 그땐 단순히 눈앞의 가격 상승과 하락만을 좇았다. 매일 아침 거래소가 열리면, 상승률 상위 종목을 열거해 놓고, 그날의 유망주를 찾아내는 데에만 몰두했다. 차트의 흐름을 분석하기보다는 단순히 순위표에 오르내리는 종목을 따라붙는 식이었다. 오르면 매수하고, 내리면 손절매하는 짧은 호흡의 매매였다. 처음에는 그 방법이 꽤 먹히는 듯 보였다. 상한가 종목을 단 하루 만에 잡아 30% 수익을 내기도 했다. 그 순간의 짜릿함은 무엇과도 바꿀 수 없었다. 도파민이 뿜어져 나와 나에게 직접적인 쾌감을 안겨 주었다. 하루아침에 수백만 원이 갑자기 불어나는 경험은 20대의 나를 더욱 무모하게 만들었다. 마치 도박장에서 잭팟^{Jackpot}을 터뜨린 듯한 착각에 빠지기도 했다. 그것이 내가 주식시장에 빠져든 첫 시작이었다.

희열이 샘솟고 계좌잔고가 불어나는 달콤함은 그리 오래 가지 않았다. 단기간의 폭발적인 수익은 곧바로 깊은 손실로 이어졌다. 오를 때는 크게 오르는 듯했지만, 내릴 때는 그보다 더 빠른 속도로 무너졌다. 하루의 거래에서 어렵게 얻어낸 수익은 고작 몇 번의 실수로 손쉽게 신기루처럼 사라졌다. 결국 계좌는 다시 원점으로 돌아가거나, 심지어 마이너스를 기록하기도 했다. '오늘은 이겼으니, 내일도 이길 수 있다'는 착각이 하루하루 쌓일수록 손실은 더 커져만 갔다. 그렇게 20대의 대부분을 주식시장에 머물렀고, 눈물로 눈부신 젊음을 보냈다.

몇 년 동안 월 단위로 플러스 수익을 기록한 달은 손에 꼽을 정도였다. 이익보다 손실이 앞서면서 계좌는 회복 불능의 상태로 자주 빠졌다. 그러나 이상하게도 그만둘 수는 없었다. 매매의 순간순간마다 뇌리를 스치는 쾌감과 긴장감이 내 발목을 붙잡았다. 나는 뒤늦게야 그것이 일종의 '도파민 중독'이었다는 사실을 깨닫게 되었다. 마치 카지노에서 룰렛^{Roulette}이 돌아가기를 기다리는 사람처럼, 주식시장의 오르내림에서 순간적 쾌락을 찾던 것일 뿐이었다. 당시의 매매를 돌이켜보면, 실력이라고 부를 만한 것은 거의 없었다. 분석보다는 운에 가까웠다. 운이 따라 주면 큰 수익을 냈지만, 그렇지 않으면 순식간에 무너졌다. 매일 아침 언론에서 거론되는 테마주에 올라타고, 정치적 소문이나 대통령 인맥과 같은 근거 없는 기대에 휩쓸리며 매매했다. 그 결과는 뻔했다. 수익이 쌓이기는커녕, 계좌는 오히려 더 작아졌다.

꽤 비싼 대가를 치르고 나서야 깨달은 사실은 내가 호흡이 느린 사람이라는 것이었다. 애초에 나는 그렇게 빠르게 매매하기 어려운 사람이었다. 모니터 뒤의 재능있는 어떤 누군가처럼 순식간에 상승하는 주식을 재빠르게 따라잡을 수 없는 사람이었다. 나는 20대에 그걸 경험했다. 정말 다행히도 당시엔 나만의 고집이 덜한 시기였던 터라, 자연스럽게 다른 매매법들을 수용할 수 있었다. 20대를 처절하게 지나면서 내가 찾아낸 것은 '나에게 맞는 적절한 호흡의 매매법'이었다. 때로는 스윙이 될 수도, 때로는 단타가 될 수도 있다. 그 무엇으로 이름 붙이든 간에 내 속도에 맞는 매매법을 찾은 것만은 분명했다.

단타와 상따(상한가 따라잡기)는 확실히 사람의 도파민을 자극한다. 20대의 나도 경험했고, 많은 사람이 그 매력에서 쉽게 벗어나지 못한다. 특히, 테마주 상따가 주는 희열은 그 무엇으로도 표현할 수 없다. 사실 그것이 내게 맞는 매매법이라면 괜찮다. 다른 사람에게는 어렵고 힘든 방법일지라도 본인이 진짜 그 매매를 성공적으로 해낸다면 무엇이 문제이겠는가? 그러나 매매를 잘한다는 확신 없이 도파민에만 중독되어 '이것이 내게 맞는 길이다'라고 믿는 순간, 돌아가는 길은 너무나 멀다. 자신의 계좌를 객관적으로 들여다보아야 한다. 맞는 길이었다면, 몇 년 전부터 지금까지의 계좌가 충실하게 우상향하고 있어야 한다. 만약 그것이 아니라면, 소중한 시간을 버리며 잘못된 길로 가고 있다는 증거다. 자신의 실력과 계좌를 객관적으로 볼 줄 아는 사람만이 성공의 확률을 높일 수 있다.

나만의 매매법을 찾아서

주식시장에서 대부분의 초보 투자자는 빠른 수익을 추구한다. 눈앞의 변동성에만 모든 신경이 끌려 당일 급등하는 종목을 매수하고, 조금만 수익이 나면 서둘러 매도한다. 언뜻 보면 합리적인 것 같다. 하지만 시간이 지날수록 이러한 매매는 계좌가 크게 성장하지 못한다. 이는 시장의 본질이 단기간의 파도가 아니라, 장기간의 바다이기 때문이다. 파도만 쫓는 매매는 결국 지쳐 나가떨어지고, 시장의 큰 흐름은 늘 그 자리에 남는다.

나 역시 20대에는 초단타 매매에 몰입했다. 새벽까지 차트를 보며 패턴을 찾아내고, 이른 아침 장이 열리자마자 매수 버튼을 눌렀다. 하루에 수십 번의 매매를 반복하며 스스로 '시장과 싸운다'는 자부심도 느꼈다. 그러나 남은 것은 성과 없는 피로였다. 수익이 나도 오래 가지 못했고, 손실은 순식간에 불어났다. 결국 내 매매는 공허했다. 속도는 빠르지만, 방향을 잃은 발걸음과 같았다. 시간이 흐르며 나는 깨달았다. 주식시장에서도 익어가는 시간이 필요하다는 사실이다. 농부가 씨앗을 뿌린 뒤 계절의 순환을 기다려야 하듯, 기업 역시 비즈니스를 확장하고 실적을 키우는 데는 시간이 필요하다. 단기간에 성과를 강제로 뽑아내려 하면 뿌리가 흔들리고, 제대로 된 결실을 보기 어렵다. 주식은 기업의 미래 실적을 반영하는 자산이다. 그렇다면 투자자는 기업이 성장해 가는 시간을 함께 걸으며 기다릴 수 있어야 한다.

이 깨달음 이후 나는 매매의 속도를 늦췄다. 단숨에 계좌를 불리는 일확천금의 매매가 아니라, 천천히 그러나 확실하게 내 계좌를 성장시키는 매매를 택했다. 빠른 걸음으로는 놓칠 수 있는 것들이 걸음의 속도를 늦추니 하나씩 온전히 보였다. 기업의 사업보고서를 차분히 읽고, 산업의 흐름을 공부하며, '이 회사가 앞으로 3년 뒤 어떤 위치에 있을까'를 고민하는 시간은 결코 낭비가 아니었다. 오히려 시간이 점점 쌓이며 시장이 흔들릴 때, 그러한 공부가 나에게는 흔들리지 않는 기준점이 되어 주었다.

물론 느린 매매가 무조건 성공을 보장하는 것은 아니다. 때로는 내 예상과 다른 길로 기업이 흘러가기도 하고, 믿었던 경영진이 실망스러운 선택을 하기도 한다. 그러나 빠른 매매와 가장 크게 다른 점이 존재했다. 투자에 실패했을 때 손실 통제가 가능하다는 것이다. 서두르지 않고 충분히 공부한 뒤 내린 결정은 그만큼 리스크^{Risk}를 관리할 수 있는 여지를 남겼다. 또한, 느린 매매는 나만의 매매법을 찾는 과정과도 연결된다. 누군가는 단타로 성과를 내고, 또 다른 이는 장기투자에서 성공을 맛본다. 정답은 없다. 중요한 것은 '시장에 오래 살아남는 법'을 찾는 것이다. 빠른 매매는 잠시 화려할 수 있으나 지속되기 어렵다. 반면 느린 매매는 지루할 수 있으나, 시간이 흐를수록 복리처럼 힘을 발휘한다.

나는 이제 '승률이 높을 필요는 없다'는 사실을 안다. 승률이 30%라도 한 번의 성공이 열 번의 실패를 메울 수 있다면 그 전략은 훌륭하다. 다만, 그 성공을 제대로 잡아내려면 느린 호흡 속에서 기회를 기다릴 줄 아는 인내심이 필요하다. 매번 아래위로 거세게 흔들리는 차트를 좇으며 조급하게 매매한다면, 큰 기회가 눈앞에서 지나가 버릴지도 모른다.

소박한 꿈과
전업투자자로서의 증명

　단기간에 성과를 강제로 뽑아내려 하면 뿌리가 흔들리고, 제대로 된 결실을 맺기 어렵다. 주식 4년 차에 어느 정도 목표를 이뤘고, 나름 성공했다고 생각했다. 사실 지금이야 4년은 참 짧은 시간이지만, 같은 또래에게 4년은 적지 않은 시간이다. 아마 비슷한 시간이라면 친구들은 직장을 구해 다니기 시작하고, 이제 갓 사회 초년생으로 나서도 될 나이였다. 나는 그들이 그렇게 사회 초년생으로서 세상에 나갈 시기, 이미 많은 수익을 올리고 있었으니 내심 자신감이 넘쳤다.
　주식투자 4년 차에 강사로 이름도 알리고, 지금의 아내도 만났다. 내겐 좋은 일만 일어날 것 같았다. 2017년 11월 3일, 당시 나는 결혼을 앞두고 행복한 시나리오만 돌리고 있었다. 그날 대북주에 종배(종가베팅)를 했다. 갑자기 트럼프가 북한과의 대화 단절을 선언했다. 계좌는 곧바로 반토막이 났다. 나는 하한가에 모두 다 손절매할 수밖에 없었다. 그리고 다음 날 다시 점상(상한가 직행)으로 주가가 날아가는 뒷모습만 바라봐야 했다. 후회할 틈도 없이 절망만이 나를 감쌌다. 결혼식을 한 달 앞두고 있었고, 그 돈은 우리의 행복한 결혼을 위한 돈이었다. 결혼식 비용, 신혼집 전세 비용이 모두 다 날아가 버렸다. 정말 순식간의 일이었다. 부모님에게 말할 수조차 없었다. 하루 만에 아들이 결혼 자금을 반토막 냈다고 어떻게 말하겠는가. 결혼식을 치르고 나서 훗날 그때의 상황을 얘기했더니, 부모님은 왜 그때 미리 말하지 않았느냐고 질책하셨다. 당시의 나는 그럴 수 없었다. 주식은 원래 돈을 못 벌면 이렇게 깡통을 차는데, 혼자 깡통을 차고 말지 부모님까지 끌어안고 고통을 안겨드릴 수가 없었다.

그렇게 2017년 결혼식을 마치고 나서 수중에 남은 돈은 고작 1,600만 원이었다. 불과 얼마 전만 해도 1억이 넘는 돈이 계좌에 있었다. 이건 정말 말 그대로 깡통이었다. 머리를 굴려 계산을 해봤다. 1,600만 원을 투자 기초 자금으로 한 달에 400만 원을 벌어야 본전이 가능한 상황이었다. 그야말로 지옥이었다. 이처럼 전업투자자로 주식시장에 뛰어들기 전 많은 사람이 간과하는 문제가 있다. 그건 생활비다. 예를 들어 1,000만 원으로 매월 100만 원의 수익을 만들어 낸다고 가정해보자. 그러면 1,000만 원으로 100만 원을 벌고, 다시 100만 원을 출금해서 생활비로 쓰면 1,000만 원이 남는다. 그러면 다시 1,000만 원으로 100만 원을 번다. 단순히 이렇게만 생각하면 계좌는 결국 제

자리걸음이다. 물론 100만 원을 번다는 확신도 없지만, 이렇게 해서는 아무리 노력해서 투자해도 결코 계좌를 성장시킬 수 없다. 생활비보다 월등히 많은 돈을 벌어서 남은 돈을 계속 투자 자금에 투입해야 전체 계좌가 늘고 성장하는 것이다. 1,000만 원으로 200만 원을 벌어 100만 원을 쓰고 1,100만 원으로 계좌를 굴려야 하는 것이다. 이런 간단한 사실을 투자자들은 종종 간과하기 마련이다. 전업투자자로 성공하기 어려운 지점이 바로 여기에 있다. '돈을 아껴 쓰면 되지 않느냐'고 하는데, 사실 생활비를 늘리기는 쉬워도 줄이기는 정말 만만하지 않다. 돈이 수중에 꽤 많다고 해도, 전업투자자는 사치와 거리를 둬야 한다. 불필요한 사치가 늘어나면 나중에 계좌가 쪼그라들었을 때 생활비를 더욱 감당하기 어려워지기 때문이다.

  아무튼 불가능할 것 같았지만 그래도 한 매듭씩 풀어나가며 해결점을 찾았다. 첫아들이 복덩이였는지 아들의 탄생과 함께 계좌는 꾸준히 성장해 줬다. 그리고 계좌는 이윽고 10억을 달성했다. 최대 베팅은 40억까지 가능해졌다. 거기서 3억을 빼 전세자금으로 돌리고 주거 안정을 이루었다. 2025년 새집으로 이사하기까지 매년 한 번씩 이사 다녔다. 돈을 모으면 더 큰 전셋집으로 옮기기를 반복했다. 아마도 마지막 이사가 될 것 같은 이번 이사는 처음으로 집을 매매한 경우였다. 그 사이에 식구도 늘었고 이제는 네 식구가 함께 안정적인 보금자리를 갖게 되었다. 순간순간 힘들었지만 그래도 소박한 꿈을 위해 하나하나 이뤄 나가려 노력하고 있다. 특별한 재능이 없는 사람도 주식시장에서 굳게 올바른 방향을 바라보고 버티다 보면, 언젠간 단단해질 수 있다. 화려한 영앤리치Young and Rich의 삶은 아니더라도 소박한 꿈을 충분히 실현할 수 있다는 걸 이야기하고 싶다.

힘겹게 노력해 소박한 꿈을 이루었다면, 전업투자자의 삶은 어떨까? 전업투자자로 살아가는 길은 정말 힘들다. 모두 사람이 자기 일이 힘들다고는 하지만, 사실 전업투자만큼 사람의 정신을 갉아먹는 일이 있을까 싶다. 숫자에 온 가족의 생계가 걸려 있으니 예민하지 않을 수 없다. 아마 그 고통은 일반인의 상상을 초월할지도 모른다.

나도 그랬듯 전업투자자에 대한 추상적인 환상이 있다. 아마 비슷한 꿈을 꾸는 사람들이 어렴풋이 상상하는 것들이다. 오전에는 잠깐의 매매로 직장인의 월급만큼 수익으로 올리고, 점심엔 커피 한 잔 여유롭게 마시고, 저녁에는 전망이 아름다운 식당에서 우아하게 식사하는 것을 떠올리기 마련이다. 이 정도면 만족할 만한 전업투자자의 삶일까? 현실은 사뭇 다르다. 눈이 빠지도록 모니터를 보며 마우스를 클릭한다. 매수, 매도, 매수, 매도…. 정신을 번뜩 차렸을 때 계좌가 파란불이 아니면 다행이다. 커피? 드립커피는 무슨. 제일 저렴한 레스비 한 박스를 사 놓고 물 마시듯 들이킨다. 다행히 나는 이런 생활은 청산했다. 오전에 짧게 매매하고 브런치를 먹는 정도다. 그게 내가 누리는 전업투자자의 유일한 호사다. 그 외에는 호사스러울 것이 아무것도 없다. 가끔 가까운 사람과 시간을 보낸다. 사실 이제는 지인도 몇 명 남아있지 않은 듯하다. 성장이 비슷한 사람은 자주 만날 수 있다. 그런데 그들 중에서도 계좌가 박살이 나, 상황이 안 좋으면 또 자연스레 멀어진다. 성장하는 상대를 보며 느끼는 포모 FOMO, Fear Of Missing Out는 겪어 본 사람만 안다. 그렇게 주변에 사람들이 점점 줄어든다.

성장한 트레이더는 절대 뒤를 돌아보지 않는다. 앞만 보고 달린다. 하지만 그들의 앞에는 항상 다른 사람이 있다. 앞선 이들의 뒷모습을 보면서 결핍과 아픔을 느낀다. 사실은 그들이 잘나서 앞에 있는 것임에도 그들을 부러워하고 질투할 수밖에 없다. 트레이더의 숙명이란 그런 것이다. 슬픈 이야기지만 주식시장의 초고수가 되기 전까지는 속된 표현으로 이런 찌질한 감정을 품고 살아야 한다. 삶도, 감정도 모두 찌질하다.

트레이더로서 멋지게 성공하는 일은 실제로 어렵다. 나는 130만 원으로 시작해 20억 정도의 수익을 만들어냈다. 내가 아는 범주 내에서 5,000만 원 이하의 자금으로 트레이딩해 누적 수익 10억을 달성한 사람은 대략 300명 정도 보고 들었다. 그들 중에서 여전히 지속하여 연간 1억 원 이상 돈을 버는 사람이 얼마나 될까? 계좌를 오픈하는 사람을 기준으로 약 30여 명 정도 본 것 같다. 물론 계좌를 공개하지 않거나, 온라인 활동을 전혀 하지 않는 사람도 많을 것이다. 개인적인 통계이므로 당연히 정확한 정보는 아니다. 하지만 이처럼 알려지지 않는다는 사실은 너도나도 쉽게 할 수 없는 일이라는 뜻의 방증이다. 범위를 줄여 1년에 3,000만 원 정도 버는 트레이더를 꼽으라면 아마도 수천 명까지 늘어날 것이다. 슈퍼트레이더는 1년에 평균 3명 정도 샛별처럼 등장하는 듯하다. 그들이 10년 이상 슈퍼트레이더의 지위를 계속 유지한다는 기준에서다. 그러니 굳이 슈퍼트레이더가 되고자 할 필요는 없다.

전문직 중에서 가장 탑으로 꼽는 의대생도 1년에 1,000명이 배출된다. 그렇게 따지면 1년에 3명 남짓한 슈퍼트레이더가 되는 길은 얼마나 힘들겠는가. 생각을 한번 바꿔볼 필요가 있다. 억대의 자금이 지금 당장 있다고 해서 무모하게 주식시장에 뛰어들지는 말자. 적은 돈으로 수익 내는 법부터 몸에 익힌 뒤 천천히 한 계단씩 올라가야 한다. 앞서 말했듯 트레이더는 각종 보잘것없는 감정을 버티고 버티며 수익을 내야 한다. 손실이 나도 꾸역꾸역 견뎌내면서 꾸준히 그 위치에 있어야만 한다. 때로는 주변의 비교 대상보다 더욱 앞서 나가야 하는 직업이다. 증권TV, 유튜브, 카페 등에서는 승률 80%를 자랑하는 사람이 있다. 그 사람들을 믿는 기준은 결국 계좌다. 그것도 최소한 2년 이상의 수익이 실제로 투명하게 인증되어야 한다. 반짝 버는 사람은 있을 수 있다. 그러나 우리는 그런 사람을 전업트레이더라고 할 수 없다. 전업트레이더에게는 수익의 규모만큼이나 얼마나 오래 시장에서 버티고 살아남았는지가 굉장히 중요하다. 개인적인 생각으로 연 3,000만 원의 수익을 꾸준히 낼 수 있다면 일단 트레이더라고 할 수 있다. 물론 내년에도 버텨낼 수 있어야 한다는 전제가 깔려있지만.

매매기법과 완벽한 수익모델에 관한 환상

대개 우리는 매매기법에 대해 고민을 많이 한다. 나 역시 주식투자에 뛰어든 초반에는 밤을 새워가며 특정 매매기법의 통계적 검증에 매달렸다. 늦은 밤까지 공부하며 유레카를 외친 시간이 있었다. 그런데 매매에 관해 기본이 없는 상태에서 매매기법에 매달리게 되면 시간이 지날수록 트레이더를 수렁에 빠지게 만든다. 보통 매매기법 정형화에만 목숨을 걸고 투자하게 되면, 대부분은 확률적으로만 계산하려 든다. 가령 A라는 기법으로 매매했을 때 승률이 80%라고 계산하면, 이런 매매는 대개 내가 산 가격보다 더 하락했을 때 추가매수로 평균단가를 낮추려 할 가능성이 크다. 결국 그 20%의 실패에서 잃는 금액이 앞에서 수익 난 금액보다 더 크므로 실패할 가능성이 매우 크다. 나는 지난 세월 동안 크고 작은 여러 트레이더를 만났다. 그들 중 기법의 확률에 유독 집중하는 사람을 관찰해보니 벌 때 적게 벌고, 잃을 때 크게 잃으며 계좌를 성장시키지 못하고 망해버리는 경우가 많았다. 그러면 이런 문제는 어떻게 극복하고 성장할 수 있을까?

승률이 30%라도 수익의 기댓값이 훨씬 큰 매매라면 결국 승자가 될 가능성이 높다. 나의 경우 평상시에는 매매를 가볍게 한다. 하지만 제대로 된 주도주가 나오면 현재 내가 장착한 매매기법으로 수익을 길게 끌고 가 큰 수익을 낸다. 다만, 그 매매기법을 1년 내내 반복한다고 하면 승률이 30%밖에 되지 않을 것이다. 그러나 벌 때 1억 혹은 2억 원을 벌고, 잃을 때 1,000만 원, 2,000만 원 잃는다고 생각해보자. 열 번 중 세 번만 성공해도 수익이 남는 구조다. 나는 이러한 포지션을 구상하려고 평소 노력한다. 매매기법이라는 것은 현재 알려진 유튜브나 각종 블로그에 있는 것으로도 충분하다고 느낀다. 여기서 중요한 건 인위적으로 승률을 높이기 위한 추가매수를 제외하더라도 종목 선정만 잘하면 충분히 큰 수익을 만들 수 있다는 점이다. 결국 핵심은 흔하디흔한 모두가 아는 매매기법이 아니다. 내가 정확히 승부를 볼 수 있는 주식 종목을 찾을 수 있는 실력에 방점이 찍혀있다.

조금은 직설적이지만 기법에 관한 나의 견해는 다음과 같다. 돌파, 눌림, 횡보, 하락의 네 가지 구간에서 대처하는 네다섯 가지 정도의 대략적인 매매 방법만 알고 있다면, 과도하게 매매기법에 관해 생각하는 것은 무의미할 수 있다. 이미 당신은 충분히 이론을 공부한 사람이다. 다만, 그것을 실전에 잘 적용하지 못할 뿐이다. 어떻게 실제 매매에 적용할지에 관한 고민을 줄기차게 많이 해야 한다.

블로그를 운영하면서 많은 사람이 질문을 던진다. "이건 전황 님의 매매가 아니지 않나요?"라고 묻는다. 이 정도면 스토킹이 아닌가 싶을 정도로 내 매매 방법에 집착하는 사람이 있다. 마치 전황이라면 모든 상황에서 같은 선택을 해야 한다는 뉘앙스다.

나는 주식 강의에서 여러 가지 수익모델을 제시했다. 'JH존'이 대표적이다. 뒷장에서 자세히 설명하겠지만, 나도 나름의 기법적 연구를 많이 하며 승률이 높은 대안을 제시해 왔다. 하지만 그것이 언제 어디서든 '절대적'인 건 아니다. '이런 방법이 있다, 꽤 괜찮았다'하는 정도지 그것을 누구나 절대적으로 맹신하라는 뜻이 결코 아니다. 물론 이를 이용해 사업의 수단으로 삼는 유튜버나 인플루언서가 있겠지만, 그런 거짓에 결코 속아서는 안 된다. 한 가지 진리를 꼭 기억하자. 주식시장에 완벽한 수익모델은 없다. 시장은 살아 있는 유기체다. 시장이라는 대상을 완벽하게 통제하고 컨트롤 할 수 있는 방법은 애초에 존재하지 않는다.

2024년 11월 말, 주도주가 순차적으로 급락하던 때가 있었다. 나는 원래 사이즈가 작은 종목은 다루지 않으므로 내가 보유한 대형주 위주로만 계속 관심을 갖고 있었다. 사실 이 당시 나는 바이오, 방산 관련주를 갖고 있었다. 그러나 시장은 소프트웨어 업종과 밸류업, 배당 관련주, 엔터주 쪽으로 큰 흐름이 있었다. 분명 새로운 섹터가 있었는데 기존 주도주에만 계속 매몰되어 있었던 것이었다. 시장이 빠르게 급변하고 섹터가 바뀌는데도 고정관념에 빠져 이동할 생각을 하지 못한 점이 패착이었다. 분명 대형주에서의 느린 매매가 전황의 주력 매매인 것은 확실하다. 그러나 이것도 시장에서 항상 먹히는 완벽한 수익모델이 될 수는 없다. 수익을 많이 줄 때는 잘 써먹다가 안 통하면 다시 고쳐 써야 한다.

개인적으로 '최적'이라는 단어를 좋아한다. 어떤 위치에 딱 들어맞는 상태를 의미하기 때문이다. 우리가 지향해야 할 목표는 완벽한 수익모델이 아니다. 시장 상황에 맞는 최적의 수익모델이다. 주식 공부를 꾸준히 하는 이유이기도 하다. 변화하는 시장에서 최적으로 활용할 수 있는 방법을 배워나가는 것이 진정한 주식 공부다. 전자제품을 판매하는 매장을 떠올려 보자. 텔레비전 화면에 화려한 영상이 생동감 있게 나온다. 거기에 잠시 홀려 텔레비전을 구입해 집에서 틀어보면, 같은 수준의 영상이 나올 수 없다. 애초에 매장에서 보여주는 영상은 텔레비전에 최적화된 8K 영상이기 때문이다. 정작 방송국에서 송출하는 영상은 4K도 안 되기 때문이다. 이 말의 뜻이 무엇일까? 무엇이든 성능에 맞는 최적의 소스가 필요한 것이다. 앞으로 이어질 장에서는 주식시장에서 최적의 소스를 찾아 나가는 방법에 관해 이야기할 것이다. 어느 때에 어떻게 반응해야 하고, 매번 달라지는 시장에 어떻게 대응해 나가야 하는지에 대한 진지한 고민이기도 하다. 이건 내가 마음대로 정해주는 정답이 아니다. 스스로 자신의 문제를 파악하고 복기하면서 만들어 나가는 일이다. 다만, 나의 아픈 실패와 경험을 통해 여러분이 최적의 소스를 찾는 데 도움이 되기를 바랄 뿐이다.

2장

매매의 근본,
트레이더 뷰

TREND FOLLOWING
WITH LARGE-CAPS

트레이더 뷰,
전황 매매의 중심이 되다

　이번 장은 트레이더 뷰에 관해 이야기하고자 한다. 사실 길지 않은 분량의 이야기지만, 이 책을 읽는 독자와 진정한 트레이더로서 성장하고자 하는 사람에게 상당히 유용한 내용이 될 것임이 틀림없다. 트레이더 뷰란, 말 그대로 '주식 트레이더가 보는 관점'이라는 뜻이다. 관점觀點이란 사전적 정의로 '특정 사물이나 현상을 관찰하고 고찰할 때, 개인이 가지는 사고의 태도나 방향, 혹은 입장'이라고 한다. 이 설명에 핵심이 있다. 트레이더는 주식시장이라는 곳을 항상 바라보고 깊게 고민해야 한다. 여기서 그치지 않고 고찰의 결과로 '나만의 생각'으로 치환하여 시장이나 종목을 바라보는 '보는 눈'을 길러야만 한다. 주식 트레이더로서 나만의 관점을 만들려고 노력하지 않고 실력이 거저 성장하기만을 바라는 것은 요행을 바라는 것일 뿐이다. 치열한 주식시장에서의 경험이 적을수록 자신만의 관점 만들기를 게을리하면 안 된다. 매일의 작은 노력이 제대로 된 트레이더가 되는 디딤돌이 될 것임이 분명하다. 당장 돈이 될 것 같은 기법을 찾아 나서기 전에 무엇보다 트레이더 뷰가 왜 중요할 수밖에 없는지 꼭 짚고 넘어가면 좋겠다.

예전에 오프라인 모임에서 이름 모를 고수를 만난 적이 있다. 그 사람은 주식으로 200억 원 정도를 벌었다고 했다. 수익을 냈다는 말이 진짜인지, 가짜인지는 모른다. 그의 요지는 코스피^{KOSPI} 1, 2등 주식과 코스닥^{KOSDAQ} 1, 2등 주식만 거래해도 충분히 돈을 벌 수 있으며, 큰 자산을 실제로 이룰 수 있다는 것이었다. 그때는 그 말이 무슨 소린가 했다. 지금에 와서 돌이켜 생각해 보면 그 말도 어느 정도 일리는 있겠다 싶다. 지금 내가 한 종목을 관심종목에 넣으면 최소 6개월에서 1년 정도 지속적으로 매매하니 말이다. 삼성전자와 SK하이닉스의 경우 아마 평생 거래하는 종목이 아닐까 생각한다. 전업트레이더로 10년 이상 주식을 매매하게 되니, 이제 종목에 대한 관점이 자연스럽게 생긴다. 그런 뷰를 갖기 위해 큰 노력을 했다. 그리고 주변 지인들에게 '이제 주식은 이런 것이다'라는 말을 겨우 할 수 있을 것 같다. 그 중심에 바로 트레이더 뷰가 있다. 전황 매매의 시나리오이자 철학이다.

지금 이 책을 읽고 있는 사람이라면 한번 나의 물음에 대답해보기를 권한다.

"과거 시장에서의 성공이 지금도 여전히 먹힐까?"

아마 내가 묻는 행위 자체를 보고 직관적으로 '아니다'라고 대답할지도 모른다. 그런데 어떤 사람들은 왜 과거에 유행했던 기법만 좇으려고 하는가? 앞뒤가 맞지 않는다. 주식시장에서 돈을 벌고자 할 때, 수익에만 눈이 멀어있으면 자신도 모르게 상식으로 아는 사실도 잊어버리기 마련이다. 나의 물음에 관한 정답은 '아니다'가 맞다.

2022년부터 더는 캔들과 차트만으로 미래의 수익이 보장되지 않는 시장이 왔다. 정보의 유통 속도가 빨라지면서 매매할 수 있는 타점이나 타이밍 또한 주가의 변동성에 녹아버린다. 주가는 시작과 동시에 상승하고 끝나 버리는 경우가 허다하다. 다음에 나오는 차트를 한번 보자. 이 차트들의 예시는 시총이 큰 대형주면서 장 시작과 동시에 큰 상승을 보였던 종목들이다. 차트에서 무엇이 보이는가? 시가총액이 커 엉덩이가 무거운 이 종목들의 움직임을 어떻게 해석하고 받아들여야 할까?

레인보우로보틱스의 시가총액은 6조 원에 가깝다. 비슷한 시기 한화오션의 시가총액은 17조 원을 기록하고 있었다. 시가총액은 해당 종목의 주가에서 총발행주식 수를 간단히 곱해서 산출한다. 사람들은 보통 시총이 높은 기업을 무겁다고 표현하고, 작은 뉴스나 이벤트로는 주가가 꿈쩍도 하지 않는다고 생각한다. 실제로 조 단위 시총을 가진 기업들은 언젠가 한번 이름을 들어본 대기업이 많고, 대개 많은 사

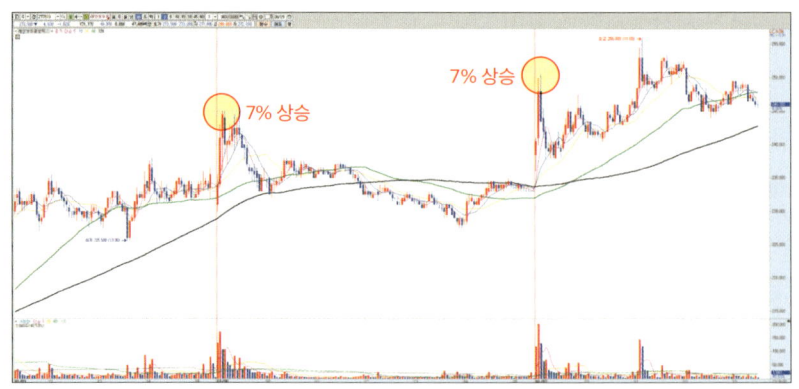

레인보우로보틱스_3분봉(2025년 1월 6일, 1월 7일)

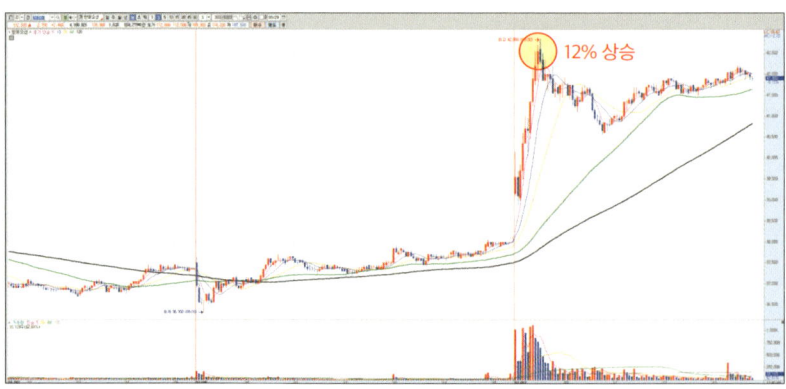

한화오션_3분봉(2025년 1월 7일)

람이 투자하고 있어 주가가 크게 움직이지 않는 편이라 생각한다. 그런데 차트를 다시 한번 보자. 장이 시작되고 얼마 지나지 않아 큰 폭으로 주가가 상승한다. 몇백억 원 수준의 회사가 아닌 '조 클럽' 시가총액을 가진 기업의 주가 움직임이라고 하기에는 상당히 높은 변동성을 보이고 있다. 레인보우로보틱스의 경우 양일에 걸쳐 장 시작 후

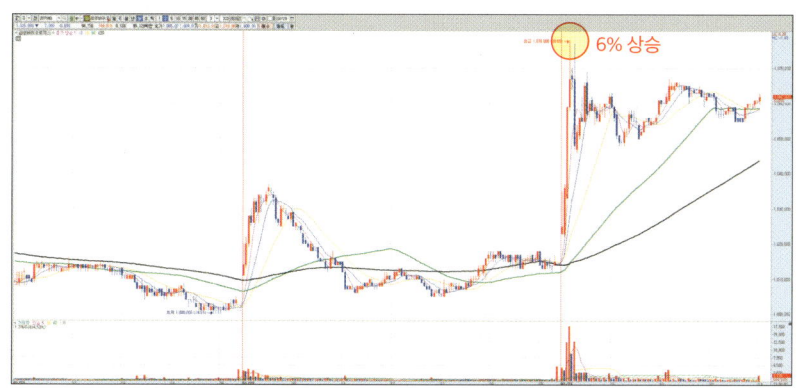

삼성바이오로직스_3분봉(2025년 1월 23일)

7% 상승을 보였고, 이보다 엉덩이가 더 무거운 한화오션은 단 30분 만에 12% 상승을 기록했다. 이러한 예는 다른 종목에서도 쉽게 찾아 볼 수 있다. 삼성바이오로직스의 시가총액은 약 70조 이상으로 코스피 시장에서 다섯 손가락 안에 드는 대형주이다.

삼성바이오로직스의 차트를 보면 아침 장이 시작되고 단 9분 만에 6%를 넘는 주가 상승을 보였다. 일례로 우리나라에서 시가총액이 가장 높은 삼성전자의 경우 하루 10% 이상 가격이 움직이는 날이 거의 없으며, 지난 2024년 8월 삼성전자가 이례적으로 10% 급락한 것을 제외하고 닷컴 버블이나 글로벌 금융위기 때 10%대 하락을 기록한 정도다. 그래서 소위 대형주라 불리는 종목들은 떨어질 때도 주가 변동 폭이 작은 편이라 안정적인 투자를 원하는 주식시장 초심자들이 가장 먼저 적절한 투자처로 삼는 경우가 많다. 그런데 이러한 대형주들의 가격 움직임이 과거와 조금 달라졌다. 예를 든 차트의 주가 상승

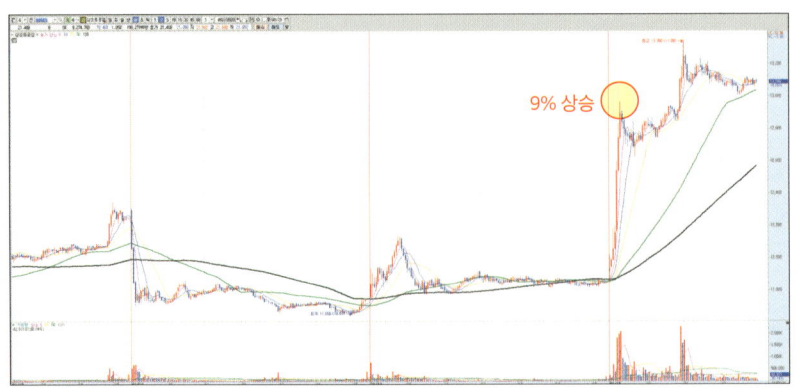

삼성중공업_3분봉(2025년 1월 15일)

을 보면 누구나 쉽게 느낄 수 있다. 즉, 환경이 바뀜에 따라 시장도 바뀌는 것이다. 시장은 살아있는 생물처럼 계속 변하고, 트레이더는 이처럼 바뀌는 시장 트렌드에 항상 적응하려 안간힘을 써야 한다.

다시 대형주의 움직임에 대해 생각해 보자. 대형주가 이런 식의 움직임을 보인다면 어떻게 매매를 효율적으로 할 수 있을지 고민해봐야 한다. 만약 돌파매매를 한다면 어느 정도 주가가 상승하다가, 상승한 만큼의 폭만큼 하락도 가팔라 수익을 다시 반납할 수 있기에 쉽지 않아 보인다. 그렇다고 맹목적으로 매수하여 기다리는 것도 문제가 있다. 괜찮은 수익을 내려면 얼마나, 어떻게 기다려 매매할 것인지에 대한 기준이 없다는 점이다. 그래서 이제는 종목에 대한 뷰^{View}, 즉 관점이 필요한 시대이다. 주식투자의 성공을 위해서라면 시장의 많은 부분을 제대로 분석할 필요가 있다. 나는 시간이 날 때마다 인터넷에 매매일지를 공개해 올려놓은 사람들을 자주 분석하곤 한다. 그들이 어떻게 큰 수익을 낼 수 있었는지 분석하고, 나의 매매에 적용할 수 있는 부분이 있는지 면밀하게 검토한다. 개인적으로 그들을 분석해 본 결과, 스윙이나 파동 자체를 트레이딩하는 사람들의 수익률이 눈에 띄게 좋았다. 오히려 데이 트레이딩 Day trading 으로 당일 손익을 확정하는 사람들의 성적이 대체로 좋지 못하다는 사실을 발견했다. 왜 이런 현상이 발생하는 것인지 고민해봤다. 무엇이 결과에 차이를 만드는 것일까? 아마도 한국 시장의 환경이 바뀐 것이라는 생각을 했다. 한국 시장도 이전과 달리 정보의 유통이 상당히 좋아졌다. 이제는 실제 실적이 좋은 주식들이 꾸준하게 상승하는 흐름을 보이게 되었다. 과거에는 단기적으로 장대양봉을 뽑으며 주가가 상승했다면, 최근에는 실적을 바탕으로 주가가 꾸준하게 상승하는 모습으로 바뀌었다. 반면에 당일 매매로 수익을 내기 어려운 변동성으로 개인 투자자가 뉴스, 거래대금, 호가, 캔들의 모양과 같은 단편적인 정보만 보고 판단하여 수익을 내기 힘들어지는 환경이 되었다. 그래서 지금의 주식시장에서 돈을 벌기 위해서는 어떤 방식과 방향으로 판단하느냐가 중요한 과제가 되었다.

이 문제의 해결책은 간단하다. '시나리오 트레이딩 Scenario Trading'을 하면 된다. 매매를 위한 시나리오를 만들기 위해서는 가장 먼저 주도 섹터 및 앞으로 좋아질 것이라 예상하는 섹터를 파악하는 일로부터 시작된다. 이는 장기간 지속적이고 집요한 관찰을 통해 이루어진다. 만일 당신이 성격이 급한 트레이더라면 차분하고 냉철한 마음가짐과 자세가 필요하다. 옛말에 '급히 먹는 밥이 목이 멘다'고 했다. 너무 급히 서둘러 일하면 오히려 잘못하고 실패하게 됨을 밥에 비유해 이르는 말이다. 투자도 마찬가지다. 마음이야 빨리 돈을 벌고 싶겠지만, 겹겹이 쌓인 시간과 경험이 중요한 분야다. 매일 조금씩 습관적으로 관찰하고 분석하는 시간이 중첩하면 나중엔 누구나 자신만의 뷰가 만들어지는 훌륭한 바탕이 된다. 이제 전황이 생각하는 트레이더 뷰(주식투자에서의 사고력)는 무엇이며, 어떤 방식으로 도출해 어떻게 기록해야 하는지 이곳에서 하나씩 배워 보자. 이를 평범하게 보고 간과하는 우를 범하지 말자. 트레이더 뷰는 나의 매매 출발점인 동시에 전략의 기초다. 기법은 흉내 낼 수 있어도, 오랜 시간 쌓인 자신만의 뷰는 결코 흉내 낼 수 없다. 전황의 매매 스타일을 추구하고자 하는 사람이라면 매일 조금씩 자신만의 트레이더 뷰를 기록해보고, 나와 전황의 관점을 비교해보면 좋다. 무엇이 같고 무엇이 다른지, 트레이딩 결과에서 어떤 차이가 존재하는지, 뷰가 같아도 무엇이 수익의 차이를 만드는지 등 구체적인 관찰과 비교를 병행했을 때 배움이 훨씬 클 것임을 확신한다. 트레이더 뷰를 당연한 이야기로 치부하지 말자. 성공적인 매매에서 가장 큰 힘을 발휘하는 부분임을 의심치 말고 믿어보자.

주식투자의 관점은 어떻게 만들어지는가?

앞서 설명한 것처럼 트레이더 뷰는 주식투자의 사고력이자 관점이다. 그런데 투자에서 관점이란 사전적 정의에서 한 발자국 더 나가야만 한다. 시장과 종목을 주의 깊게 관찰하여 자신만의 사고 방향과 입장을 도출했다면, 타인에게 설명하는 수준이 아닌 '설득' 시킬 수 있어야 한다. 누군가에게 나의 투자 관점을 설명하고 나아가 설득이 가능한 수준에 도달한다는 의미는 트레이더가 시장과 종목을 충분히 이해했고 투자 관점을 명확하고 논리적으로 구조화해 간략히 말할 수 있다는 뜻이다. 그 논리가 반드시 맞아야만 하거나 틀렸다는 점에 주목할 필요가 없다. 자신의 주식투자 관점이 만들어지는 과정을 얼마나 충실하게 이행하고 있으며, 이렇게 도출한 자신의 관점으로 실제

시장에 적용해보고 피드백을 수용하느냐에 방점이 있다.

누가 알려준 대로, 뉴스에서 떠드는 대로, 혹은 근거 없는 찌라시나 리딩방에서 얻은 정보를 통해 손쉽게 만든 투자 관점은 진짜 자신만의 트레이더 뷰가 아니다. 가짜다. 주식투자에서 요행만을 바란다면 비싼 수업료를 낼 바에 일찌감치 포기하는 편이 더 나을지도 모른다. 내가 나를 설득하지 못하는 허접한 관점으로 투자를 실행했다면 그게 과연 의미가 있는지 생각해봐야 한다. 한두 번의 요행으로 돈을 벌 수도 있다. 아마도 날아갈 듯한 짜릿한 기분을 느낄 것이다. 하지만 시간이 지나면 운으로 벌었던 금액 이상 시장에 다시 뱉어내는 경우가 너무 흔하다. 주식을 차치하더라도 탄탄한 기초 없이 튼튼한 집을 짓지 못한다는 사실은 누구나 아는 상식이다. 하지만 우리는 늘 가장 쉬운 진리를 간과하기 마련이다. 빠른 길로 가고 싶은 욕구가 있다는 것만으로 무언가 이상하다는 뜻은 아니다. 인간이라면 누구나 비슷한 욕구가 있다. 다만 주식시장을 먼저 경험한 사람으로서 투자의 세계에서는 조금 느리더라도 탄탄하게 기초를 쌓는 일이 어쩌면 가장 빠르게 수익을 내는 트레이더가 되는 길이 될 수 있다는 점을 말하고 싶다.

이제 주식투자의 관점이 어떻게 만들어지는지 구체적으로 살펴보고자 한다. 내가 실제로 사고하는 과정을 도식화했다. 이 도식은 트레이더 뷰를 완성하는 것은 물론 자신만의 매매 시나리오를 설계할 때도 유용하게 사용할 수 있다. 두 가지 모두 사고의 과정이 비슷하므로 항상 이처럼 단계별로 생각을 정리하는 습관을 만들기를 권유한다. 이제 더 구체적으로 나만의 관점을 만드는 과정을 따라가 보자.

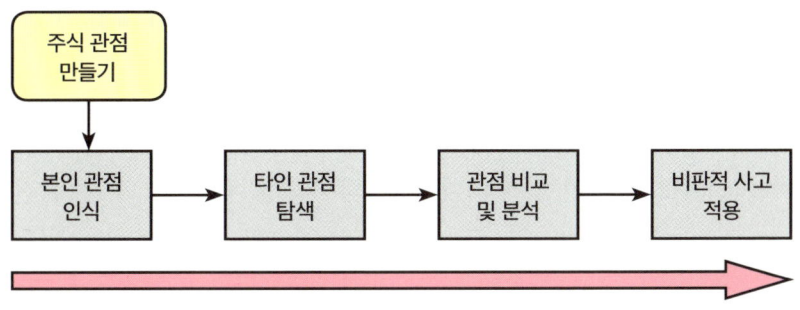

주식 관점이 만들어지는 과정

주식 관점을 만들기에 있어 가장 먼저 해야 할 일은 '본인의 관점을 인식'하는 단계다. 주식투자에서도 메타인지 Metacognition가 매우 중요하다. 자신이 무엇을 알고, 무엇을 모르는지 정확히 파악하고 사고의 과정을 조절하는 능력을 뜻한다. 주식 관점을 만드는 일의 출발도 이와 유사하다. 지식은 두 가지 종류로 나뉜다고 한다. 내가 알고 있는 듯한 느낌은 있지만 누군가에게 설명할 수 없는 지식과 내가 알고 있는 느낌뿐만 아니라 타인에게 설명할 수 있는 지식이다. 앞서 말한 것처럼, 후자의 지식으로 발전시키는 출발점에 메타인지가 있다. 주식을 트레이딩 함에 있어 본인의 매매 스타일 혹은 성향을 알고 인식하는 과정이 필요하다. 물론 완전히 시장에 처음 진입한 초보자라면 자신의 성향을 파악하기 위해 약간의 시간이 필요할 수 있다. 그러나 트레이더가 되겠다는 사람이라면 어느 정도 본인의 성향을 어렴풋이 알 수 있다. 어떻게 매매할 때 편한지, 어떤 경우에 불편함을 느끼는지, 스스로 마음 편히 컨트롤 할 수 있는 금액은 얼마인지 솔직하게 문답해봐야 한다. 그 후 거래대금을 가장 우선시한다든지, 재료에 빠르게 반응할 수 있다든지, 차트의 형태와 흐름을 먼저 본다든지 등의 기준을 인식해야 한다. 본인의 성향이나 기준을 명확히 파악해야 추후 자신의 장점과 단점, 트레이더로서의 위치를 자각하고 수정, 훈련하는 기초가 된다.

다음 단계는 '타인 관점 탐색' 단계다. 과거와 상대적으로 주식투자 인구가 늘었고, 각종 카페나 블로그, 텔레그램 등에서 많은 콘텐츠가 만들어지고 있다. 투자를 함께하는 사람이 곁에 있다면 지인의 의견도 타인의 관점을 알 수 있는 기회가 된다. 조금만 성실하게 인터넷을 뒤져본다면 일면식이 없지만 어딘가에서 열심히 트레이딩하고 있는 누군가를 찾을 수 있다. 그들이 던지는 이야기 주제 혹은 매매 관점을 잘 관찰해보자. 텔레그램만해도 각종 투자 정보가 넘쳐 제대로 알고자 하면 어디서든 정보를 구할 수 있는 시대가 되었다.

타인의 관점을 확인했으면 이제 다시 '나의 관점과 비교하고 분석'해봐야 한다. 나와 타인 간에 발생한 관점의 차이가 무엇인지, 내가 놓치고 있는 부분 혹은 이해하지 못하는 부분은 무엇인지, 무엇을 더 찾아보고 공부해야 할지 등을 차분하게 정리하는 단계다. 그 과정에서 새롭게 발견하는 것이 있을 수 있고, 나와 타인의 관점 차이를 눈으로 확인해 객관성을 확보하려 노력한다. 마지막으로 '비판적 사고 적용' 단계이다. 나를 인식하고, 타인의 관점을 탐색한 후 나와 타인의 관점을 분석했다면, 나 혹은 타인의 투자 관점에서 모순을 찾아내는 과정이 필요하다. 내가 틀리거나 맞을 수도 있고, 반대로 타인의 경우도 마찬가지다. 양쪽을 적절히 비판적으로 보는 과정을 통해 투자에서 놓치고 있는 점을 발견하거나 미흡한 점을 보완할 수 있다. 이제 거의 다 왔다. 나를 알고 타인을 관찰해 차이를 분석하고 비판적 사고를 했다면 이제 이 모든 정보를 합쳐서 무언가 도출하는 단계로 나아가면 된다. 플로우 차트를 완성해보자.

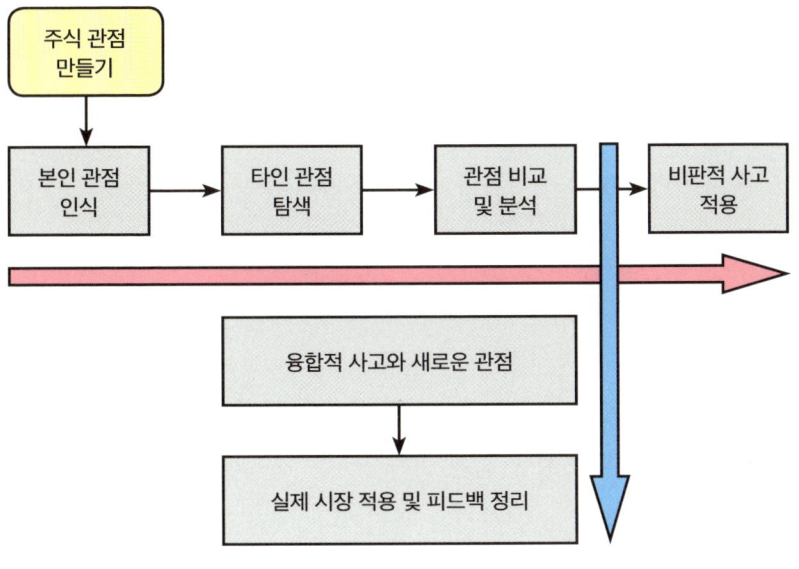

주식 관점이 만들어지는 과정의 완성

위 단계를 거쳐 '융합적 사고와 새로운 관점' 단계로 나아간다. 이전 단계까지 관찰과 사고를 통해 무언가 알게 되었다면, 나와 타인과의 관점 차이를 어떤 기준으로 판단할 것인지 결정한다. 즉, 내가 알게 된 내용을 섞어 새로운 관점으로 만들며 투자의 기준점을 설정하는 일이다. 몰랐던 팩트를 더하고, 최초 생각했던 매매 기준을 재조정하고, 위험과 기회는 무엇인지 더 인지하면 트레이딩을 어떻게 할 것인지 더욱 명료해진다. 좌에서 우로 향하는 관점 만들기는 장 시작 전 준비 과정으로도 사용할 수 있다. 특정 섹터나 주도주 탐색 시에 평소 활용해도 좋고, 차근차근 훈련하여 장 전 매매전략 수립 시 유용하게 사용하면 된다. 마지막으로 남은 일은 '실제 시장 적용 및 피드백 정리'다. 이를 잘 수행하기 위해 위와 같은 사고 과정을 거친 것이다. 주식 관점을 만드는 일을 소홀하게 하면 실제 트레이딩 성패를 막론하고 올바르게 성장하기 힘들다. 이를 잘 따라 수행하는 사람일수록 피드백 과정에서 문제를 잘 파악하고 수익을 내는 출발점으로 삼을 수 있다. 자신만의 관점이 켜켜이 쌓인 사람일수록 빠르게 좋은 트레이더가 될 수 있다고 생각한다.

위와 같은 과정 속에서 트레이더 뷰, 즉 매매 방향과 시나리오가 결정된다. 여기서 중요한 점은 내가 공부한 종목에 대한 뷰가 타인과 어떻게 다른지를 보고 판단하는 과정이다. 예전에는 정보의 접근 자체가 굉장히 비싸서 기관이나 외국인이 독점했지만, 인터넷의 발달과 AI로 인해 수많은 정보를 손쉽게 얻을 수 있다. 특히, 실적 추정에 대한 자료를 더욱 얻기 쉬워졌다. 실적 추정이 가능한 자료나 뉴스가 나온 종목을 나는 '숫자가 찍히는 종목'이라고 부른다. 이렇게 숫자가 찍히는 종목을 찾고, 본인만의 뷰가 있어야 한다. 이것은 단기 트레이딩에서 스윙 트레이딩으로 넘어가는 중요한 열쇠가 된다.

넘치는 정보, 소음을 걸러내라

주식을 하는 사람은 주식 관련 도서뿐만 아니라 수많은 카톡방, 텔레그램방, 찌라시, 유튜브 등에서 정보를 수집한다. 많은 정보를 습득한다고 해서 그 정보들이 모두 투자나 트레이딩에서 올바른 방향성을 제시한다고 생각하지는 않는다. 오히려 그것을 이용해 우리의 돈을 빼앗는 데 혈안이 된 정보제공자가 더 많다. 이미 오른 종목을 골라 짧은 콘텐츠를 만들어 우리의 눈을 현혹할 뿐이다. 대량거래가 발생하고 장대양봉이 나온 누구나 아는 인기 종목이 있다. 우리가 이와 같은 종목을 매매하려면 모니터 뒤의 일면식 없는 초고수, 알고리즘 트레이더, 증권사의 프랍 트레이더, 실력이 출중한 전업트레이더 등과 겨루어야 하는 것과 마찬가지다. 일반인의 눈으로 그들을 볼 수 없다. 하지만 그들은 모두 시장 참여자들이다. 평범한 사람이 기술적인 부분으로 주식 전문가들을 이길 확률은 작을 수밖에 없다. 그래서 우리는 각자의 종목에 대한 뷰를 명확하게 설정하고, 각종 노이즈^{Noise}에 흔들리지 말아야 한다.

넘치는 정보와 소음을 걸러낼 기준은 바로 '숫자'다. 앞에서 말한 '숫자가 찍히는 종목'을 선정함으로써 다른 소음이 존재해도 우직하게 제 갈 길 가는 종목을 골라낼 수 있다. 그러려면 뉴스를 읽을 때도 숫자가 나와 있고, 그 이슈가 앞으로 이 회사의 실적을 어느 정도 뒷받침해 줄지부터 따져 봐야 한다. 예전에는 실적이 좋아도 주식시장에 유동성이 적어 그 가치만큼 주가에 반영되지 못했지만, 이제는 실적에 맞게 주가는 상승하는 경향을 보인다. 최근 삼양식품과 에이피알이 실적 이슈로 아직까지 상승하는 모습을 보면 알 수 있다. 두 종목은 실적 뉴스가 나온 뒤 상한가를 기록한 후 계속 우상향하고 있다.

이제는 우리나라도 실적이 뒷받침되어야만 주가가 우상향할 수 있고, 그 반영도 빠르다. 2025년부터 유동성이라는 바람을 타고 코스피와 코스닥은 날아갈 것이다. 그 중심에는 실적이 뒷받침되고, 숫자가 실제로 찍히는 기업이 있을 것이다. 시답지 않은 그럴듯한 거짓 기사가 아니라, 실제적인 숫자가 찍히는 뉴스를 찾으려 노력해보자. 분명 이런 종목은 앞으로도 계속 나올 것이고, 우리를 부유하게 만들어 줄 기회를 건네줄 것이다.

이처럼 숫자가 확인되는 진짜 뉴스를 찾기 위한 접근법에는 여러 가지가 있다. 예전에 어떤 주식 강사는 장이 끝나고 HTS에서 나오는

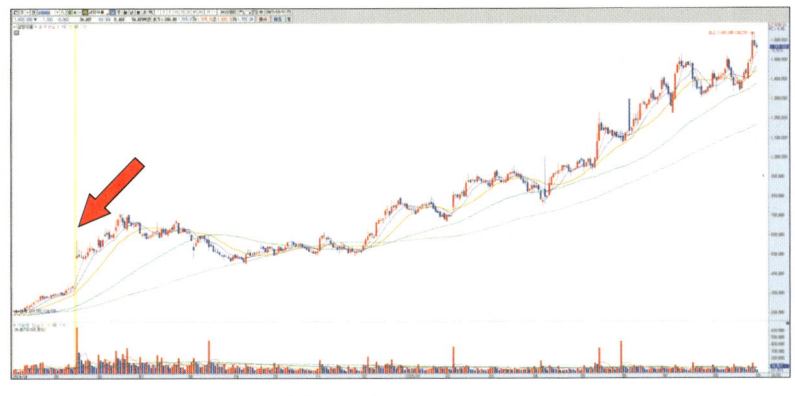
삼양식품_일봉(2024년 5월 이후)

에이피알_일봉(2025년 5월 이후)

모든 기사를 다 읽는다고 했다. 그리고 그런 노력조차 하지 않으면서 무슨 돈을 벌려고 하느냐고도 말했다. 어찌 보면 맞는 말이기도 하지만, 동시에 어리석은 짓이기도 하다. 하루가 다르게 발전하는 세상에서 요즘은 정보가 넘쳐나는 만큼 과잉 생산되는 정보를 정리해주는 사람이 많다. 우리는 그 콘텐츠를 잘 이용하면 된다. 나는 종목에 대한 양질의 뉴스를 찾으려 애쓰기보다, 내가 중요하게 생각하는 뉴스나 재료를 잘 정리해주는 콘텐츠를 찾으려 노력하는 편이다. 이는 내가 주식을 대하는 노력 중에서 아주 중요한 부분이다.

양질의 블로그나 텔레그램을 고르는 방식에도 기준이 필요하다. 이상한 소설을 쓰고 희망 회로를 돌려 사람들을 현혹하는 채널이 대다수이기에 냉철하게 판단해 골라야 한다. 내가 생각하는 양질의 채널은 채널의 주인이 상대강도, 유동성, 이슈(숫자)에 대한 이해도가 높은 곳이다. 나는 평소 70개 정도의 채널을 시간이 날 때마다 보고 있지만, 꼭 필요한 채널만을 소개하겠다. 여기서 소개하는 채널과 나는 아무런 일면식이 없으며, 어떠한 이해관계도 없음을 분명히 한다.

나는 현재 어린아이 둘을 키우는 가장이다. 그래서 주식 공부에 모든 시간을 할애할 수 없는 상황이다. 위의 채널을 통해 수시로 나의 관점을 비교 및 분석하기도 하고, 자기 전에 20분 정도 가볍게 읽으며 시장을 커닝한다. 우리는 정보의 홍수 속에 살고 있다. 양질의 정보를 손쉽게 잘 이용할 수만 있다면 과도한 노력을 하지 않고도 적당한 꾸준함으로 큰 성과를 낼 수 있다. 예전처럼 기업의 재무제표만을 본다거나 리포트 분석에 매달리며 공부하는 시대는 지났다. 물론 그런 공부도 다른 투자 유형에서는 상당히 중요할 수 있다. 그러나 나의 주변 상황과 매매 스타일을 고려했을 때, 이런 양질의 채널을 찾는 노력으로 주식 공부에 투자하는 시간을 절약하는 편이다. 이것이 나의 자산이다.

유튜브 (YouTube)		
설명왕_테이버	미장에 관한 매일 아침 뷰	
태린이아빠 주식투자	펀드운영 출신, 기관에 대한 뷰	

텔레그램 (Telegram)		
회색인간의 매크로투자	시장 매크로 지표 보는 관점	
아레테	기업탐방과 실적에 대한 해석	
메모장	시장 이슈에 대한 정리	
YM리서치	현대 시장에 맞는 개별 기업 뷰	
엄브랠라리서치	해외 시장 기준 리서치 해석	

※ QR코드 인식 외 유튜브, 텔레그램 검색 기능으로도 해당 채널을 찾을 수 있습니다.

추천 유튜브 및 텔레그램

트레이더 뷰 작성 핵심 포인트

 앞서 언급했다시피 나는 현재 아이 둘을 키우고 있는 가장이다. 아무리 아이들이 순하다고 한들 손이 많이 가는 시기이다. 또한, 가정에서 아빠의 역할도 충실히 해야 하는 임무를 갖고 있다. 다른 사람들도 마찬가지겠지만 본업과 육아를 병행하는 일은 쉽지 않다. 나의 모든 시간을 주식 공부에만 할애할 수가 없다. 그래서 소개한 채널을 이용해 나의 관점과 비교, 분석하는 습관이 있다. 특히, 잠들기 전 20분 정도는 가입된 텔레그램 채널들을 쭉 살펴본다. 국제 정세에 관한 뉴스나 실적을 바탕으로 한 기사를 유심히 찾아본다. 그러한 정보를 통해 곧장 매매하지 않더라도 습관처럼 읽고 지나간다. 좋은 기사가 나와 곧바로 주가에 적용되면 좋겠지만, 종목에 따라 매물대 소화나 이평선 돌림 과정을 거친다. 호재 기사라고 해도 며칠 후 주가에 반영되는 경우가 있으므로 실제 매매할 때의 확신을 위해 관심종목으로 기억해두는 편이다.

이제 자신만의 관점을 만드는 방법을 배웠다면, 트레이더 뷰를 실제 작성하는 법을 알아야 한다. 트레이더 뷰를 적어보면서 나의 매매 아이디어를 구체화하고, 흔들리지 않는 투자 철학을 확고히 다지게 된다. 시장은 가만 보고 있으면 다 좋아 보이기 마련이고, 내가 매수하면 바로 급등할 것 같지만 그 안에는 많은 속임수가 있다. 시장의 현상은 사람의 감정을 조정하기 때문에 트레이더 뷰가 든든한 심지가 된다. 내가 스스로 정한, 내가 실제로 본, 내가 공부한 종목만 트레이딩하겠다는 '안전장치'가 바로 트레이더 뷰이다. 그렇다면 트레이더 뷰 작성의 핵심 포인트는 무엇일까? 주식시장을 분석하는 지표는 수없이 많다. 아무리 공부해도 새로운 것이 계속 나오므로 실제로 우리는 모든 것을 공부할 수 없다. 그래서 가장 중요한 핵심만 간편하게 정리하기 위해 간단한 표를 만들어 매일 잠자리에 들기 전 정리하는 시간을 통해 다음 날을 준비한다. 내가 실제로 사용하는 트레이더 뷰 메모는 다음과 같다. 표에서 말하는 유동성이나 상대강도, 시장 트렌드 같은 표현은 이 책을 모두 읽을 때쯤이면 충분히 이해할 수 있을 것이며, 누구나 나처럼 메모를 작성할 수 있을 것이다.

항목	오늘의 트레이더 뷰 2025년 월 일
	내용
오늘 시장 한줄평	
유동성 섹터	
상대강도 섹터	
특이적 유동성 종목 (역사적 대금&신고가)	
시장 일정 (지수변동성 영향)	1. 국내 : 2. 미국 :
시장 트렌드	예) -아침에 주가가 급등하는 현상 -실적이 나오면 과하게 움직이는 현상 -신고가 종목은 더 오르는 현상
주요 섹터 및 종목 코멘트 (한 줄 이유)	1. 섹터 : (섹터 분류)
	종목 1	
	종목 2	
	종목 3	
	2. 섹터 :
	종목 1	
	종목 2	
	종목 3	
	3. 섹터 :
	종목 1	
	종목 2	
	종목 3	

나는 주식 트레이더면서, 동시에 더트레이딩 thetrading.co.kr 이라는 곳에서 주식투자 강사로도 활동하고 있다. 강의만으로 나의 모든 것을 가르친다는 것은 불완전할 수밖에 없다. 게다가 시장은 끊임없이 변함에 따라 나 또한 성장한다. 나는 그 내용을 소상히 공유하고 싶어서 블로그를 운영하고 있다. 꾸준히 시장에 대해 의견을 나누고 있으며, 이 장에서 말하는 트레이더 뷰 또한 올려놓는다. 앞으로도 계속 블로그라는 소통 창구를 이용해 나의 트레이더 뷰와 매매일지를 업로드하고 있으니 필요한 분은 참고하시길 바란다.

전황 블로그 - blog.naver.com/chamberine3

3장

돈의 흐름을 좇는 법, 시황

TREND FOLLOWING WITH LARGE-CAPS

시황이란
무엇인가

주식에서 시황^{市況}이란 무엇일까? 주식 매매를 함에 있어서 누구나 중요하다고 말하는 것이 시황이다. 주식시장에서 한 번이라도 시황에 대해 고민해 본 적 있는가? 시황은 주식뿐만 아니라 부동산 및 전반적인 경제 상황을 이야기할 때 쓰는 중요한 용어이다. 주식시장에서 어느 정도 경지에 오른 트레이더가 공통적으로 하는 말들 중 하나가 바로 '시황과 섹터'를 보라는 것이다. 하지만 이 말을 처음 들었을 때는 사뭇 당황스럽다. 시황은 '시장 상황'을 줄인 말인데, 도대체 어떻게 봐야 하는지 모든 트레이더 마다 말이 달라 이해하기 어렵다. 섹터 또한 마찬가지다. 테마주를 주력으로 매매하는 트레이더, 가치주를 다루는 투자자가 말하는 시황은 어딘가 차이가 있다. 단기투자의 유형에 속하는 사람들도 데이 트레이더, 스캘핑 트레이더 등으로 나눌 수 있다. 시장에는 다양한 성격의 트레이더가 존재하고, 각각의 트레이더 마다 시황을 보는 방법은 다를 수밖에 없다. 그래서 나는 앞에서 말했듯이 항상 자신이 되고자 하는 트레이더에 관한 정의를 먼저 해야 함이 가장 중요하다고 생각한다. 우리가 주목해야 하는 것은 주식시장의 시황, 즉 매수와 매도의 힘겨루기 속에서 시장의 전반적인 분위기와 개별 종목의 주가 움직임이다. 결국 시황은 주식 매매에서 나침판 혹은 내비게이션 같은 역할을 한다.

시황을 분석하는 방법은 크게 세 가지로 나누어 볼 수 있다.

기본적 분석	기업의 가치에 집중, 그 기업의 성장 가능성(저평가, 고평가)
기술적 분석	과거 차트와 거래량을 바탕으로 한 차트 패턴 분석
트렌드 분석	돈이 흐르는 맥점 분석

기본적 분석은 위에서 말한 그대로 기업의 내재 가치를 숫자로 분석하는 방법이다. 이 회사의 향후 성장 가능성이 매출, 순이익 등의 숫자로 나타나는지가 주가의 향후 방향을 결정할 수 있다고 판단한다. 우리나라의 경우 몇 년 전만 해도 이처럼 숫자가 찍히는 좋은 기업이 실제로 지닌 가치만큼 주가에 반영되지 않았다. 하지만 몇 년 전부터 우리나라 시장도 선진국화되어 가는 과정에서 많은 기업이 그 가치를 주가에 반영하기 시작했다는 점을 우리는 주목해야 한다.

기술적 분석은 차트에 나타난 주가와 거래량 등의 통계 데이터를 분석해 주식 가격의 움직임과 추세를 예측하는 데 중점을 둔 방법이다. 보통 단기투자자, 일명 단타를 주력으로 하는 트레이더는 기술적 분석에만 치중하는 경우가 많다. 그래서 누구나 주식을 공부한다고 하면 기술적 분석, 차트 연구와 통계를 내기에 바쁘다. 물론 몇 년 전까지만 해도 이런 기술적 분석만으로 돈을 버는 사람이 다수 있었지만, 코로나 이후 유동성이 줄고 인터넷 커뮤니티(블로그, 텔레그램 등)의 발달로 일반인끼리의 정보 공유가 빨라졌다. 이러한 연유로 차트의 패턴 변화 주기가 일정하지 않은 경향을 보이게 됨으로써 기술적인 시황 분석만으로는 꾸준한 수익을 내기 어려워졌다.

여기에 더해 내가 중요하게 생각하는 시황에는 외국인과 기관 투자자의 움직임이 있다. 외국인과 기관 투자자는 실제로 실적이 나오는 회사에 투자하기도 하지만, 세계적인 돈의 흐름, 즉 트렌드^{Trend}를 따라간다. 한번 조성된 트렌드가 몇 달 혹은 몇 년간 지속되는지는 뉴스와 여러 레포트를 통해 알 수 있다. 트렌드라는 거대한 움직임 속에서 주가의 방향성을 예측해보려 하고, 그 속에서 특정 회사의 잠재 가치와 차트 패턴을 보고 종합적으로 판단해 매매 방향을 설정한다. 하지만 요즘 ETF$^{Exchange\ Traded\ Fund,\ 상장지수펀드}$와 AI의 발달로 매크로 매매가 많아지면서 기관과 외국인의 돈 흐름이 진짜인지, 가짜인지 또한 중요한 변수가 되고 있다.

개인적으로 주식의 시황에서 기본적, 기술적 분석 중 어느 것이 더 좋고 나쁘다고 명확히 말할 수 없다. 다만 현재와 같은 시장에서는 균

형 잡힌 시황 관점을 가진 사람이 수익을 꾸준하고 폭발적으로 낼 수 있다고 확신한다. 2025년에는 새로운 이재명 정권이 들어서면서 임기 내 코스피 5,000포인트를 목표로 설정하였다. 어찌 보면 주식 시황의 관점으로 바라볼 때 우리나라에 호황이 찾아올지도 모른다. 코스피 5,000포인트는 결코 쉽지 않다. 숫자가 실제로 찍히지 않는 기업들로 억지로 만들어 올릴 수 있는 수치가 아니다. 이는 저평가 기업이 제대로 된 평가를 받고, 외국인과 기관이 유동성을 불어넣어 줘야 가능하다. 나는 이번 정부가 집권할 때가 바로 주식 매매를 통한 자산 증식의 기회라고 생각한다.

과거의 나는 한때 기본적 분석과 기술적 분석에만 치중했다. 그러다가 세계적인 테마의 흐름과 외국인, 기관 투자자의 자금 흐름이라는 시황을 매매에 접목한 뒤 계좌가 폭발적으로 성장했다. 그 성장의 핵심을 이 책에서 하나하나 설명하도록 하겠다.

정량적으로 분석하는 시황과 유동성 공급

　시황을 정량적으로 보려면 어떻게 해야 할까? 내가 시황을 볼 때 가장 중요하게 생각하는 것은 지금 이 시장에서 주식을 매수해 주는 주체를 보는 일이다. 때로는 그것을 '돈의 흐름'이라고도 한다. 국내 시장에서 주식을 매수, 매도하는 일을 일관성 있게 해 주는 주체는 기관이다. 기관이라 함은 투신, 연기금이 대표적이다. 그들은 6개월 이상의 큰 흐름에서 주식을 매수한다. 사모펀드와 금융투자는 주로 단기적인 흐름에서 주식을 매수하는 경향을 보인다. 이러한 특정한 경향성을 발견했다면, 결국 주식을 매수해 주는 주체를 관찰하려고 할 때 작은 실마리가 풀린다. 그들이 현재 어떤 주식을 사고 있는지를 매일 체크하다 보면, 그 안에서 수익의 기회를 찾을 수 있다. 기관의 자금 자체가 매우 크고 국내 증시를 움직이기 때문에 그들이 매수할 때 함께 매수해 적당한 수익을 내는 방법이 있다. 그렇다고 아무 종목이나 기관이 샀다고 해서 무조건 따라 사면 당연히 수익이 나지 않는다. 나는 처음에 기관의 순매수가 높은 순으로 정렬해 많은 종목을 봤다. 하지만 여기에서는 기관조차도 어느 때는 매수, 어느 때는 매도로 들쭉날쭉한 방향을 보여 기관이 유동성을 공급하는 종목을 정확히 구별하는 데 어려움을 겪었다. 그래서 생각해 낸 방식은 기관의 매수 금액 순으로 50개를 고르는 작업을 꾸준히 정리하는 것이었다. 기관의 매수가 핵심이라고 가정한다면, 순매수가 아닌 매수 순서대로 50개의 종목을 고를 때 현재 시장에서 기관이 가장 좋게 보는 종목이라고 볼 수 있다.

반면 외국인의 경우 단타가 너무 많고, CFD 계좌 등도 외국인으로 잡히기 때문에 일정하게 수익을 계산해 내기가 쉽지 않았다. 1년 이상 검증해 봤을 때, 외국인이 매수하는 종목을 따라 매수했을 때 수익률에 대한 알파는 따로 존재하지 않았고, 대단히 불규칙했다. 그렇기에 우리가 말하는 수급을 이용한 매매는 보통 기관이 사는 종목을 베이스로 하는 경우가 많다. 주가는 매수와 매도에 의해 형성된다. 매도보다 매수가 많을수록 주가는 상승하기 마련이다. 이 말은 팔려는 사람보다 사려는 사람이 많아 그 종목의 인기가 높아짐을 뜻한다. 이것을 정량적으로 볼 수 있는 창이 바로 다음 창이다. '순매수'는 매수에서 매도를 뺀 숫자로 나타낸다. 즉, 순매수가 많을수록 누군가가 더 많이 샀다는 뜻이다. 또한, 기관이나 외국인의 경우 한번 매수하면 연

순위	종목	기간 등락률	기관계 누적 순매수 금액	기관계 최근연속 순매수 일수	기관계 최근연속 순매수 금액	외국인 누적 순매수 금액	외국인 최근연속 순매수 일수	외국인 최근연속 순매수 금액	기관계+외국인 누적 순매수 금액	기관계+외국인 최근연속 순매수 일수	기관계+외국인 최근연속 순매수 금액
1	SK하이닉스	+18.69%	+1,037,609	-2	-185,324	+84,589	+8	+1,241,116	+1,122,198	+1	+65,573
2	한국전력	+23.48%	+202,693	-1	-23,660	+594,025	+3	+42,338	+796,718	-1	-4,686
3	KODEX 레버리지	+23.95%	+515,540	+7	+335,836	+70,739	+1	+6,235	+586,279	+7	+344,828
4	현대건설	+130.96%	+273,428	+1	+6,890	+194,571	-1	-29,941	+467,999	-1	-23,050
5	HD한국조선해양	+63.74%	+61,459	-2	-28,538	+351,509	+2	+44,533	+412,969	+2	+15,995
6	HD현대미포	+73.10%	+25,763	-10	-153,550	+368,254	+5	+112,489	+394,016	+1	+3,223
7	한화에어로스페	+29.35%	+132,452	+1	+3,465	+246,297	-1	-100,790	+378,749	-1	-97,325
8	HD현대중공업	+38.57%	+100,508	-6	-68,725	+277,311	+2	+57,073	+377,819	+2	+49,559
9	KB금융	+33.59%	+322,173	+1	+3,889	+47,974	-1	-4,635	+370,147	-3	-53,740
10	두산에너빌리티	+124.22%	-12,795	-2	-30,782	+330,653	-2	-281,721	+317,858	-2	-312,503
11	효성중공업	+58.53%	-119,201	-6	-30,596	+414,011	+1	+7,617	+294,810	+1	+4,640
12	LIG넥스원	+88.36%	+6,291	+2	+66,064	+268,320	-3	-30,409	+274,612	-2	+52,791
13	에이피알	+91.82%	+8,318	-1	-4,937	+265,694	+1	+6,530	+274,012	+1	+1,593
14	삼성중공업	+21.23%	+37,586	+1	+9,071	+227,073	+2	+37,896	+264,658	+2	+30,828
15	카카오	+17.93%	+226,717	+6	+153,360	+20,671	-4	-167,866	+247,388	-2	-63,519
16	하나금융지주	+27.05%	+186,651	-2	-11,275	+17,870	+2	+27,945	+204,521	+1	+24,821
17	HD현대일렉트릭	+127.86%	+77,568	+2	+33,143	+124,840	-2	-6,726	+202,408	+2	+26,416
18	신한지주	+26.32%	+419,025	-3	-55,478	-219,711	+2	+12,944	+199,313	-3	-43,405
19	LG엔에스	+33.59%	+84,682	+2	+24,035	+85,264	+5	+41,359	+169,946	+3	+59,030
20	LG유플러스	+20.92%	+42,760	-9	-15,188	+95,678	+5	+17,419	+138,438	-1	-162

키움증권_0763 화면, 기관/외국인 연속 매매 현황

속적으로 매수하는 경향이 있다. 그 방향성을 '포지션'이라고 부른다. 우리는 그 방향 속에서 의사결정을 해야 하므로 장이 끝나면 매일 기관과 외국인의 연속 매매 현황을 관찰해야 한다.

나의 경우 매매는 다른 증권사에서 실행하지만, 분석은 정량적 분석이 가장 편한 키움HTS를 이용하는 편이다. 보통 여기서 종목 20위 선에 어떤 종목이 추가되고, 어떤 이슈가 차트를 움직이는지, 방향은 어디를 향하는지 분석한다. 유동성이 공급된다고 판단하는 종목이 선정되었다면, 그 안에서 다시 무엇을 추구하여 매매 디테일을 가져갈 것인가?

앞에서 언급한 대로 기관이 매수하는 종목 50개를 골랐을 때, 어떤 종목은 다음 날 크게 상승하는 반면 전혀 움직이지 않는 종목도 많다. 당연히 기관이 사는 종목이면서 시장의 주목을 받는 종목이 상승할 가능성이 크다. 우리는 그 종목에서 트레이딩을 해야 한다. 나는 '어떻게 하면 시장에서 주목받는 종목을 선택할 수 있을까'라는 고민을 많이 했다. 그것은 많은 사람이 보는 상한가나 상승률이 높은 종목이다. 보통 시장에서 상한가를 기록하면 많은 사람의 주목을 받아 누구나 관심을 두고 지켜본다. 내 주변의 여러 트레이더의 이야기를 들어 보니, 그들은 상대강도(상대적으로 강한 섹터)를 본다는 것을 알게 되었다. 이 '상대강도'라는 말이 어려운 것이 아니다. 오늘 주식시장에서 섹터별로(예: 자동차, 반도체, 바이오, 전력기기, 미용 등) 상승률이 높은 순으로 정리해 볼 수 있다. 이는 오늘 주식시장에서 사람들이 가장 관심을 보인 섹터라는 뜻이다. 유동성이 공급되고, 상대강도가 좋은 종목은 누구에게는 상한가를 가는 테마주가 될 수도 있고, 내가 선호하는 대형주가 될 수도 있다. 매매 방법에 따라 종목의 변동성을 이용할 수 있다. 자신의 속도와 매매 선호도에 맞게 종목을 선정하면 되는 것이다. 여기서 중요한 점은 주식에서 수익을 내는 투자자는 상대강도가 높은 종목을 선정해야 한다는 점이다. 왜냐하면 주식의 속성이 인기 투표와 비슷하기 때문이다.

무엇이 실제로 주목받는가, 상대강도

상대강도라는 말의 뜻은 말 그대로 상대적인 강도를 의미한다. '상대적'이라는 단어에 주목할 필요가 있는데, 이는 특정 종목이 시장이나 벤치마크Benchmark, 즉 기준점 대비 얼마나 상대적으로 강한지를 말한다. 그래서 트레이더는 지금 시장에서 어떤 주식이 강한지, 무엇이 주도 업종인지 쉽게 파악할 수 있다.

트레이더는 시장에서 가장 관심받으면서 큰 주체가 매수하고 있는 주식을 골라야 한다. 이때 우리가 찾은 '유동성이 공급되는 주식'과 '상대적으로 강한 섹터'의 교집합에 있는 주식을 선정한다면, 그 주식은 현재 시장에서 주목받는 섹터의 주식이라고 할 수 있다. 보통 나는 이 지점에서 트레이딩하려고 노력한다. 그래서 지금도 일주일에 2회

정도 '유동성이 공급되면서 시장에서 상대적으로 강한 섹터' 1등, 2등, 3등을 선정해 블로그에 남겨둔다. 최대한 그 교집합 안에 있는 주식을 트레이딩하려고 노력했고, 그에 따른 결과도 좋았다. 상대적으로 2024년 코스피 지수가 10% 하락하고, 코스닥 지수가 20% 정도 하락한 구간에서도 다행히 좋은 종목을 고르는 방법이었다. 나는 힘겨운 당시 시황 속에서도 수익을 내며 시장에서 살아남을 수 있었다. 상대강도를 확인할 때 여러 텔레그램의 의견을 종합해서 보고, 상대강도가 강한 섹터와 종목을 결정한다. 주식 트레이딩에 관심을 갖고 시장에 참여한다면 재료 및 이슈, 상대강도, 유동성의 항목은 누구나 비교적 쉽게 알 수 있다.

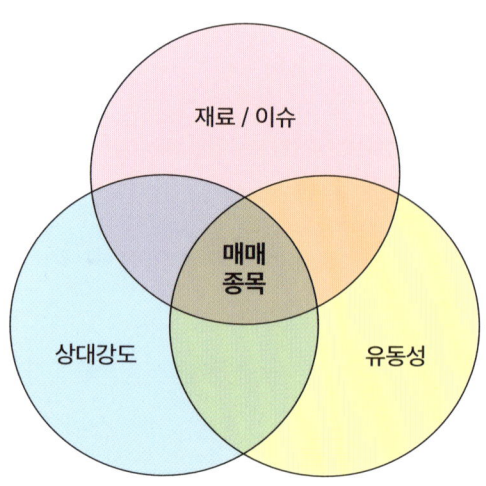

재료 및 이슈, 상대강도, 유동성의 교집합, 매매종목

예를 들어 상대강도를 HTS에서 확인하는 방법도 있다. '키움HTS 0198 실시간 종목 조회 순위'에서 확인하면 된다. 30초, 1분, 10분, 1시간, 당일 누적으로 조회가 가능하며, 투자자들이 어떤 종목에 관심이 많은지를 나타내는 지표다. 나는 당일 누적으로 그날 하루 내내 실시간 상위권에 있는 종목이 상대강도가 높다고 본다. 상대강도는 특정한 수치로 나타내기 어렵다. 따라서 너무 깊게 파고들기보다 '이 정도로 상대강도를 확인하는구나' 정도로 이해해도 충분하다.

순위	종목명	기준시점 주가	기준시점 등락률	30분 전 대비율
1	STX엔진	35,950 ▲	26.36%	0%
2	삼성전자	71,700 ▼	0.28%	0%
3	HMM	24,750 ▲	9.76%	0%
4	한텍	46,400 ▲	19.74%	0%
5	LG디스플레이	11,710 ▼	11.89%	0%
6	두산에너빌리티	65,500 ▼	1.50%	0%
7	카카오	64,700 ▲	1.89%	0%
8	에이비엘바이오	86,700 ▲	6.25%	0%
9	두산퓨얼셀	26,500 ▲	6.64%	0%
10	미스터블루	1,782 ▲	11.17%	0%
11	TP	1,928 ▲	15.45%	0%
12	한화오션	106,600 ▲	0.28%	0%
13	제이에스티나	5,510 ▲	15.27%	0%
14	탑코미디어 ↑2	2,150 ▲	17.61%	0%
15	NAVER ↓1	225,500 ▲	0.22%	0%
16	지투지바이오 ↓1	93,800 ▲	61.72%	0%
17	SK하이닉스	275,000 ▼	1.08%	0%
18	엘앤에프	89,800 ▲	6.27%	0%
19	코스모신소재	50,700 ▲	6.18%	0%
20	에코프로	58,500 ▲	2.27%	0%

키움 HTS 0198 실시간 종목 조회 순위

결국에는 돈의 흐름에 답이 있다. 우리가 세계 시황에도 주목해야 하는 이유다. 2024년 한 해를 생각해 보면, 유동성 측면에서 돈이 가장 많이 흘러 들어간 시장은 나스닥^{NASDAQ}이다. 상대적으로 가장 많이 오른 시장도 나스닥이다. 유동성과 상대강도를 고려했을 때, 지수 자체를 매수한다면 나스닥을 매수하는 것이 좋은 방법이었다. 이렇듯 유동성과 상대강도라는 개념으로 시장에서 가장 주목받는 분야를 찾을 수 있고, 그에 따른 결과를 정량적으로 도출해 낼 수 있다. 주식을 매매하기 전에 가장 먼저 해야 할 일은 현재 시장의 유동성이 향하는 곳이 어디인지, 상대적으로 강한 섹터는 어디인지, 그 둘이 교차하는 곳이 어디인지 매일 고민하는 것이다. 그 교차점에 있는 주식을 트레이딩해야 현 시장에서 가장 강한 주식을 트레이딩하는 것이며, 어떤 구간에서든 트레이딩 결과가 좋을 가능성이 높다. 세계 시황은 어떤 시장이든 매매할 때 반드시 참고해야 한다. 세계 경제는 미국 위주로 돌아가는 편이다. 그래서 우리는 항상 미국 나스닥 지수 상황을 면밀히 체크해야 한다. 이러한 행동이 트레이더로서 세계시장의 분위기를 파악하는 일이다. 이것 또한 어렵게 생각할 필요는 없다. 나스닥의 추세가 하향이고 지지선을 모두 이탈한 상황이라면 '우리 장도 조심해야 하는 시기구나. 따라서 매매를 쉬든지 비중을 줄여야 하겠구나'라고 느껴야 한다. 반대로 나스닥이 좋은 추세라면 '우리 시장도 어느 정도는 나스닥을 따라갈 수 있겠구나' 정도로 생각할 수 있다. 나스닥을 깊게 공부하는 것도 좋지만, 매일 나스닥 일봉 차트를 체크해 가며 주가가 어느 정도 위치에 있는지만 확인해도 세계 시황을 파악하는 데 충분하다.

지수의 추세 구간에 따른 비중조절

　주식 시황에서 가장 중요한 것 중 하나가 지수이다. 그렇다면 지수는 어떤 추세 구간이 좋은 구간이고, 어떤 구간을 조심해야 하는지 물음이 생긴다. 지수의 움직임에 따른 비중조절도 우리는 반드시 고려해야 한다. 나의 경우 지수 추세 파악은 비중과 매수 타점 조정의 기준이 된다. 이에 따라 지수 추세 구간을 아래와 같이 세 가지로 나눴다.

1번 구간: 지수가 정배열(20, 60, 120일선) 추세에서는 자산 증식 기회의 구간
2번 구간: 지수가 20일선 위에 있을 때는 수익을 볼 수 있는 구간
3번 구간: 지수가 20일선 아래에 있을 때는 비중과 타점 조정으로 계좌를 지키는 구간

코스닥 지수를 예로 들어 구간을 한번 파악해보자. 먼저 1번 구간을 뚜렷하게 인식할 수 있었던 2023년 지수를 참고하면 뚜렷하게 이해할 수 있다. 표에 간단히 정리했듯이 1번 구간은 지수의 정배열 구간이다. 이때 자산을 크게 증식할 수 있는 기회가 된다. 보통 세계적인 시황이 동시에 좋고, 상대강도와 유동성이 좋은 섹터와 종목이 즐비하게 나타난다. 이 책을 집필 중인 2025년 6월도 1번 구간이라고 볼 수 있다. 이러한 지수의 추세를 확인할 수 있다면 트레이더 스스로 감당할 수 있는 비중만큼 계좌에 주식을 채워 가야 하는 구간이라고 볼 수 있다.

2번 구간은 계좌에 비중을 다 채울 수는 없어도 수익을 볼 수 있는 구간이다. 그래서 기회를 포착하여 매매하기 괜찮은 구간이라고 볼 수 있다. 지수가 20일선 위에서 형성되는 구간이다. 차트에 노란색으로 표현된 이평선이 20일선을 나타낸다. 네모 박스는 1번 구간, 동그라미는 2번 구간으로 표현했다. 2022년 코스닥 지수는 우하향의 모

2023년 코스닥 지수, 1번과 2번 구간

2022년 코스닥 지수, 2번 구간

습을 보이지만, 한 해 동안 세 번 정도 매매하기 충분한 2번 구간을 보여줬다.

마지막 3번 구간은 돈을 버는 것보다 중요한 구간이며 주식을 매매하고자 하는 모든 이는 주목해야만 한다. 지수가 20일선 아래에 있을 때는 반드시 계좌를 지켜야 한다. 무엇보다도 가장 중요한 일이다. 나는 전업트레이더 생활을 시작하고 10년이 넘었다. 그 기간 동안 수많은 트레이더들이 사라지곤 했다. 바로 이 3번 구간에서 그러한 슬픈 일이 자주 발생한다. 1번 구간에서 유동성이 사라지면서 지수가 곧장 3번 구간으로 들어가는 순간에 그런 일이 일어난다. 지수가 예민하게 반응하거나 깊은 투매가 아닌 이상 트레이딩을 멈추고 쉬는 것을 추천한다. 또한, 지수 하방 구간에서 헤지Hedge 투자로 돈을 버는 사람 중 시장에서 오랜 시간 살아남은 트레이더가 없다.

참고로 각 구간을 코스닥 지수로 설명했다. 코스피보다 코스닥 지

3장 돈의 흐름을 좇는 법, 시황

2024년 코스닥 지수

2025년 코스닥 지수

수로 설명할 때 각 구간이 더욱 명료하게 보여 이해가 쉽고, 코스닥 시장은 보통 개미들의 '매수 심리 집합체'라 불리므로 코스닥이 좋아야 코스피 종목 또한 거래하기 편하다. 나는 코스피와 코스닥 지수 모두를 참고하지만, 주로 코스닥의 흐름을 중점적으로 보는 편이라 할 수 있겠다.

현재 우리 시장의 지수가 어디에 위치하는지 늘 파악하여 매매 구간의 성격에 따라 트레이딩 방향성과 비중을 설정해야 한다. 자산 증식의 퍼포먼스는 트레이더가 1번 구간과 3번 구간에서 어떻게 행동하느냐가 성패의 기준이 될 수 있다. 그래서 지수 추세의 파악은 트레이더에게 매우 중요한 일 중 하나이다. 내가 지금 베팅에 나서야 할 시기인지 혹은 아무것도 하지 말고 쉬면서 기회를 포착할 시기인지 판단할 줄 알아야 한다. 또한, 지수 대비 나의 퍼포먼스는 어떤지 확인할 수단이 되기도 한다. 지수의 움직임과 비교해 내가 얼마나 시장에서 잘 매매하고 있는지, 나의 객관적 위치는 어디인지 스스로 인지할 수 있는 기회가 된다.

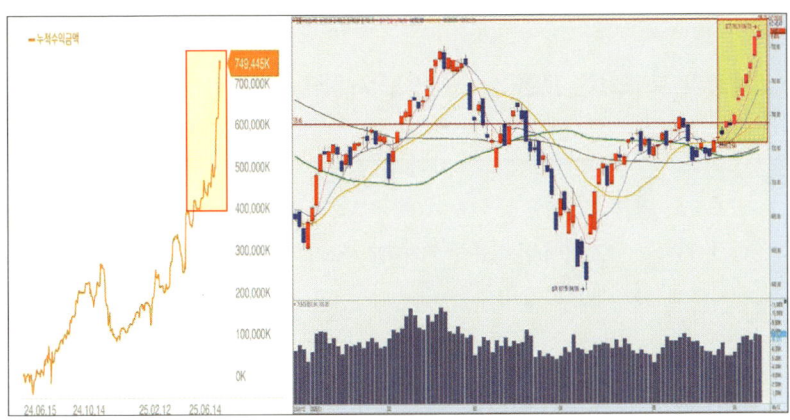

전황의 계좌 수익률 그래프와 지수 1번 구간 비교

시장의 트렌드는 어떻게 바뀌는가?

시장의 트렌드는 보통 3가지 정도로 압축할 수 있다.

> **큰 트렌드:** 세계적인 정책 및 이슈 등(원자력발전, 코인)
> **중간 트렌드:** 국내 정책 및 이슈 등(지역화폐, 세종시 이전)
> **일시적 트렌드:** 개별 종목 이슈 등
>
> ※ 2025년 여름 기준

큰 트렌드의 경우 세계적인 정책 흐름을 생각하면 된다. 대체로 6개월에서 1년 정도 상대강도와 유동성이 높은 종목군은 우상향하는 경향이 있다. 그 추세 속에서 계속 거래한다. 이런 커다란 섹터가 나오면 그해에는 상대적으로 마음 편하게 꾸준히 수익을 낼 수 있는 기회가 된다. 중간 트렌드는 국내 정책에 국한되는 경향이 있으며, 길면 한 달 정도 트레이딩하기 좋다. 일시적 트렌드는 개별 종목의 이슈인 경우가 많고, 길어야 3일 정도 거래하게 된다. 이제 예시를 보자.

큰 트렌드를 설명하기 적합한 종목이다. 2025년 현재 세계적 추세 속에 놓인 종목군은 누구나 생각하는 전력과 원전이다. 인공지능이 발전하면서 우리 인류는 보다 더 많은 전력이 필요하게 되었고, 모든 국가는 전력 부족국이 되었다. 2024년 초부터 이러한 이슈가 지속되었다. 한국 시장의 HD현대일렉트릭 일봉을 보면, 전력 섹터가 얼마나 강한지 느낄 수 있다. 2024년 1월부터 현재까지 거의 2년 동안 우상향하는 모습을 직접 확인할 수 있다. 이처럼 세계적 흐름이 뒷받침되는 섹터의 종목은 오랜 기간 매매할 수 있는 장점이 있다.

원자력 섹터 또한 전력과 같은 메인 섹터로 편입되었다. 원자력은 친환경과 반환경 사이의 논쟁 이슈가 존재하고, 국내에서는 정치

HD현대일렉트릭_일봉

적 상황에 따라 탈원전과 원전 확대 정책이 바뀜에 따라 불확실성이 있다. 두산에너빌리티는 2025년 1월부터 시세를 반영하기 시작했다. 세계적으로 원자력 이슈가 지속될 가능성이 크고 실제 2025년 원자력발전 용량이 사상 최고치를 전망하는 것으로 보아, 향후 몇 년간 큰 트렌드를 이끌고 가지 않을까 생각한다. 다음은 중간 트렌드를 살펴보자. 중간 트렌드는 국내 정책과 이슈에 의해 결정된다고 했다. 우리나라에 한정되어 있지만 좋은 섹터의 흐름을 보자.

우리나라에서는 2025년 7월 정부가 정책적으로 지역화폐 '민생지원금'을 모든 국민에게 지급하였다. 이런 이슈는 짧으면 1달, 길면 6개월도 이어지는데 이번에는 특별히 대통령 선거가 겹치면서 길게 간 경우로 볼 수 있다. 코나아이의 경우 지역화폐 관련주로 2024년 12월부터 이듬해 6월 초까지 약 6개월 정도 시세를 주었다. 유동성과 상대강도 이슈가 완벽한 종목이었지만, 나는 종목들의 변동성을 견딜 수

두산에너빌리티_일봉

없으므로 매매하지 않았던 섹터였다. 프럼파스트는 세종시 이전 관련 주로, 2025년 정권이 바뀌면서 이재명 대통령의 정책주로 알려졌다. 보통 대선 때는 국내 주요 트렌드가 테마주 성향을 띤다. 프럼파스트 일봉을 보면 2024년 12월부터 4월 초까지 약 4개월의 시세를 주었다. 이 종목 또한 매매하지 않았다. 물론 빠른 매매를 좋아하는 투자

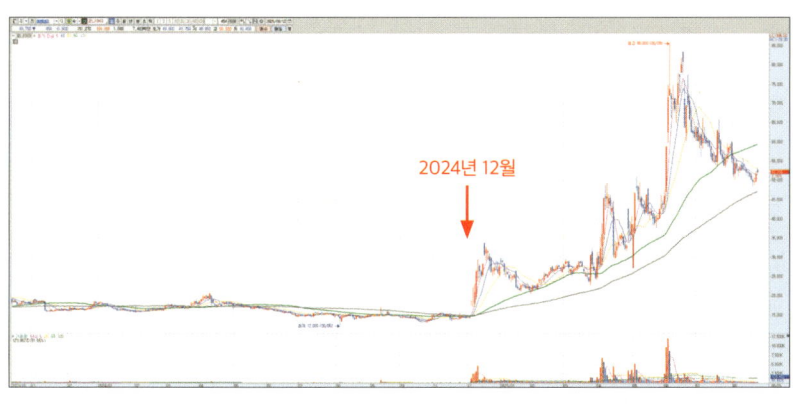

코나아이_일봉

프럼파스트_일봉

자에게는 좋은 종목이 될 수 있지만, 나는 빠른 변동성을 지닌 종목으로 수익을 꾸준히 낼 수 없는 사람이기 때문이다.

일시적 트렌드는 종목의 개별 이슈나 사건, 사고로 하루 이틀 시세를 주는 종목군이다. 2025년 3월 발생한 경북 산불이나 같은 해 8월 일시적인 코로나 환자 증가 등으로 시세를 준 종목들이 있다. 일시적 트렌드를 타는 종목은 주로 반나절, 길어야 하루 이틀이면 끝나기 마련이다. 따라서 이슈를 확인하지만, 매매에 큰 관심을 두지 않는다.

이렇게 트렌드의 종류를 세 가지로 나눠 시장을 관찰하다 보면, 지금의 시장이 우리가 분류해놓은 것 중 어떤 트렌드 장세인지 쉽게 판단할 수 있다. 처음에는 구분이 모호할 수 있으나 조금씩 관찰하다 보면 이를 분류하는 눈이 금방 생길 것이다. 그때 본인의 성향에 맞는 종목군과 시장 트렌가 일치한다고 판단될 때 매매를 시도해보는 것도 좋은 방법이다. 밥 한술에 배가 부르기 힘들다. 매일의 작은 습관이 쌓이면 큰 힘이 된다. 틈틈이 뉴스를 보며 생각해 보는 습관을 갖자.

중앙일보
성묘객 "실수였다" 의성군 "고발 방침"…산불 실화자 처벌은
산림당국 조사 결과 산불의 원인이 실화로 밝혀질 경우 실수라고 해도 책임을 면할 수 없다. 산림보호법 53조에 따르면 과실로 타인의 산림을 태운 자나…
2025. 3. 24.

MBC 뉴스
경북 의성 산불 곳곳 재발화‥건조·강풍에 긴장
특히 경북에는 내일까지 순간풍속 초속 15미터 안팎의 강한 바람이 예보돼 있어 긴장감을 늦출 수 없는 상황입니다. 발생 149시간 만에 주불이 잡힌 의성…
2025. 3. 29.

경북 의성 산불_뉴스목록

시장 트렌드 변화의 예와 대체거래소

이제 시장에서 트렌드가 어떻게 변하는지 알아볼 순서다. 시장은 끊임없이 변하는 근본 속성을 가지므로 지금 여기에 예로 든 사례들이 시간이 변해도 그대로일 것이라는 뜻은 아니다. 책은 시의성을 즉각 반영하기 힘든 까닭에 독자는 특정한 때의 예시를 공부한다는 생각으로 이번 내용을 보길 바란다. 2025년 여름을 기준으로 전황이 중요하게 생각하는 시장 트렌드 변화는 두 가지로 나눌 수 있다.

첫째, 세계적인 트렌드가 에너지 분야로 집중되면서 중소형주보다 대형주의 움직임이 더 고무적이라는 점이다. 보통 강한 섹터가 나오면 대형주는 7~8% 정도의 움직임으로 중심을 잡아 주고, 중소형주는 20% 이상 혹은 상한가를 기록하는 경우가 많았다. 그러나 요즘은 대형주가 20% 이상 오른다. 이런 트렌드 속에서 나는 내가 매매하려고 정한 섹터에서 어떤 종목을 선택해야 하는지 명확하게 결정할 수 있다. 최근 사례를 보면 대형주가 하루 만에 시세를 다 반영한다. 보통 대형주가 장대양봉의 시세를 주면, 며칠간 짧은 양봉을 뽑아 주어 장대양봉 출현 이후에 주로 매매하는 투자자들이 수익을 낼 수 있었지만, 요즘은 좀처럼 쉽지 않다.

2025년 6월만 하더라도 대형주가 장대양봉을 뽑고 하루 이틀 상승하는 패턴을 많이 보였다. 2025년 6월 24일 한국전력(시총 25조)은 무려 26% 오른 장대양봉을 단숨에 뽑았다. 그다음 날과 다다음 날에도 당일 고가를 10% 이상 올라 주면서 투자자에게 수익을 낼 수 있는 구간을 충분히 주었다. 이때는 장대양봉을 길게 뽑은 종목들이 다음 하루 이틀까지 시세를 더 주는 모습을 보여주는 경향을 보였다.

한국전력_일봉(2025년 6월)

2025년 8월에 접어들면서 지수는 어느 정도 잘 유지해주는 것처럼 보였지만, 종목들이 쉽게 수익을 내어주지 않았다. LG디스플레이는 8월 13일 하루 종일 주도주의 모습을 보이며 23%까지 상승했고, 7,000억 원의 거래대금을 터뜨리며 고가로 마감했다. 보통 이 정도의 흐름으로 장대양봉을 뽑은 종목은 다음 거래일 1~2일 동안 좋은 모습을 보이는 경향이 있었다. 그런데 다음 날, 반등 없이 12%나 내려왔다. 일봉상 눌림을 잡는 사람에겐 큰 손실을 끼치는 종목이 되었다. 이렇듯 시장의 트렌드는 계속 변한다. 한번 만들어진 트렌드는 몇 달에 걸쳐 변할 때도 있고, 몇 주 혹은 며칠에 걸쳐 급격하게 변하곤 한다. 우리는 이것을 잘 관찰해야 한다. 만약 내가 장대양봉 뽑은 종목을 매매하는 트레이더라면, 이런 트렌드 변화를 잘 보고 다음에 거래할 종목은 보수적으로 지켜보거나 비중을 줄여서 매매해야 한다. 그리고 다시 투자 심리가 좋아져 장대양봉을 뽑은 종목이 며칠간 상승

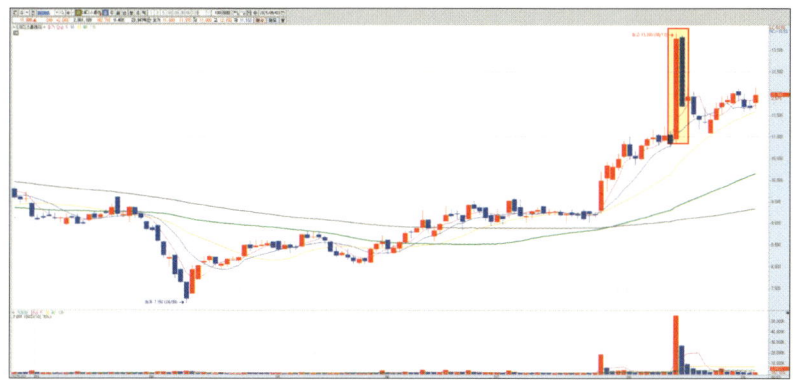

LG디스플레이_일봉(2025년 8월)

하는 모습을 보여준다면, 대형주 트렌드가 변했다고 보고 그 트렌드에 맞게 매매하면 된다. 한 가지 더 첨언하자면 이러한 트렌드 변화를 거부감 없이 받아들여야 한다는 것이다. 시장에서 어떤 경향성을 발견했다고 해도 그것이 항상 맞을 수는 없다. 변화는 언제나 자연스러운 일이고, 투자자는 이에 발맞춰 나가는 유연성이 필요하다.

둘째는 대체거래소[NXT]가 생기면서 일어나는 변화이다. 이 글을 작성하고 있는 2025년 여름 시점을 기준으로 설명해 보겠다. 최근 대형주의 경우 대체거래소 시작 시간(오전 8시)에는 호재든 악재든 주가에 크게 반영되지 않는 느낌이다. 본장(오전 9시 이후)이 시작되면 기관과 외국인의 영향에 따라 특정 이슈가 주가가 반영된다는 생각이 든다. 반면, 중소형주의 호재나 악재는 대체거래소가 열리는 시간에 강하게 반영되는 경향성이 있는 것으로 관찰했다. 또한, 대체거래소 때문에 상한가 매매가 힘들어졌다. 이러한 변화는 2주에서 몇 달을 두고 패턴이 변하므로 단기매매를 주력으로 하는 트레이더에게 중요한 지표가 될 수 있다.

최근 대체거래소 트렌드를 보면 6월에는 대형주가 정규장[9시~15시 30분]에서 장대양봉을 뽑고, 시장의 매수심리가 워낙 좋은 탓에 대체거래시간[16시~20시]까지 급등하는 경우가 많았다. 하지만 7~8월에 접어들면서 대체거래소에서 가격이 오른 종목들은 그다음 날 갭 하락을 보이며 주가가 줄줄 빠진다거나 급락한다. 그리고 난 뒤 천천히 주가를 회복하는 흐름을 보인다. 이것은 개인투자자에게 쉽게 먹이를 주지 않

한국전력_3분봉(2025년 6월 24일)

는 트렌드이다.

한국전력의 6월 24일 차트를 보면 시가총액 25조 원의 종목이 26% 올랐고, 다음 날 10% 추가 상승을 보였다. 6월의 대체거래소 매매는 투자자들에게 큰 수익을 주는 장세였다. 3분봉 차트로 봐도 정규시간에 20% 상승했고, 대체거래 시간에는 10% 상승 폭을 보였다. 이런 트렌드라면 장중 매매뿐 아니라 대체거래 시간까지 매매할 수 있는 트렌드가 형성된 시장이라고 말할 수 있다. 다시 정리하자면 대체거래소가 도입된 후 대체거래 시간에 거래대금이 터지면서 좋은 흐름을 보이는 종목이 많았다. 또한, 그다음 날까지도 슈팅을 줘서 2025년 상반기에는 투자자들이 수익을 내기 편한 장이었다고 생각한다. 그러나 이러한 트렌드는 같은 해 7월부터 변했음을 LG디스플레이 사례로 쉽게 알 수 있다.

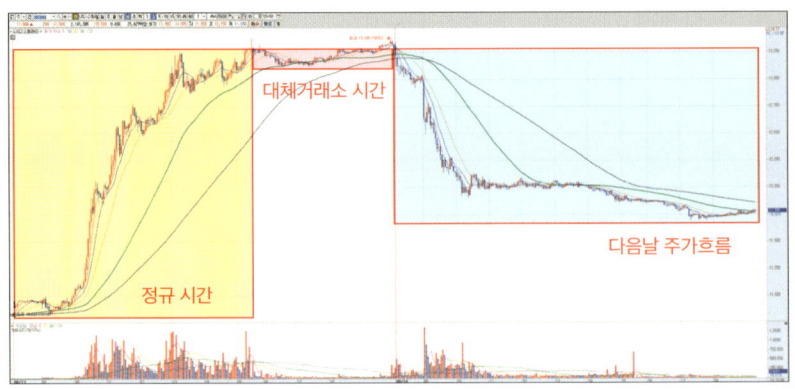

LG디스플레이_3분봉(2025년 8월 13~14일)

    LG디스플레이는 8월 13일 주도주의 흐름을 보였고 대체거래소 시간에도 크게 상승하지는 않았지만, 고점에서 장을 마쳤다. 그러나 그 다음 날인 14일에는 실망 매물이 나오면서 끝까지 주가를 아래로 밀어버렸다. 이슈도 좋고 거래대금과 움직임이 주도주급인 종목이 이 정도로 반등 없이 밀리는 일은 드물다. 이런 고무적인 흐름을 마주하게 된다면 시장의 트렌드를 읽고 매매를 멈춰야 한다. 모든 동작을 멈추고 시장을 다시 바라봐야만 하겠다.

    HMM은 8월 14일 자사주 매입 소식과 함께 민영화에 대한 기대감으로 대체거래소에서 2,000억 원이 넘는 거래대금을 터뜨리며 13% 올랐다. 이 정도 거래대금과 기대감이면 다음 날 한 번 슈팅을 주는 것이 보통이지만, 2025년 8월의 흐름은 대체거래소에서 시세가 대부분 발생하고 다음 날 하락하는 양상이다. 바로 여기서 한가지 반드시 기억할 점이 있다. '이래서 이렇고, 저래서 저렇다'라고 단정하기보

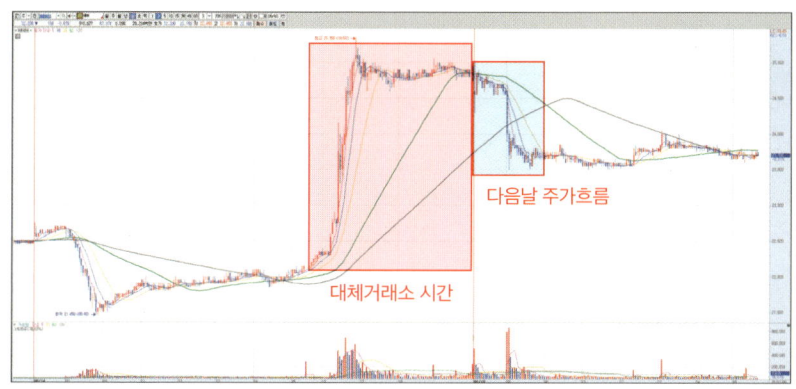

HMM_3분봉(2025년 8월 14일)

다는 장세가 최근 이러하므로 그냥 '인정'해야 한다. 투자자는 이러한 현상을 머리로 이해할 수 없더라도 '시장은 언제나 옳다'라는 생각으로 받아들이는 자세를 취하려고 노력하자.

  주식 트레이더가 시장의 트렌드 변화를 파악하는 일은 매우 중요하다. 한 가지 트렌드가 바뀌어 다른 트렌드로 변모하거나, 혹은 새로운 트렌드를 발견한다면 항상 자신의 매매에 미치는 영향을 고민해봐야 한다. 그에 따라 시장의 변화를 어떻게 관찰할 것인지도 결정하면 좋다. 지금의 예시들은 내가 관찰한 시점의 트렌드일 뿐이다. 언제 다시 이 트렌드가 뒤바뀔지, 새로운 현상이 나타날지 누구도 정확히 알 수 없다. 항상 시장의 흐름과 현상에 관심을 기울이고, 유연한 마음과 태도로 매매에 임하는 자세를 갖도록 노력하자.

4장

전황 대형주 추세추종 트레이딩, 개념

TREND FOLLOWING WITH LARGE-CAPS

다양한 유형의
매매 방식

　주식시장에는 다양한 트레이더가 존재한다. 그들의 매매 스타일은 각기 다르며, 어느 것이 압도적으로 나은 방식이라고 말할 수는 없다. 트레이딩을 주로 하는 사람들의 유형은 데이 트레이더^{Day Trader}, 초단타 스캘퍼^{High Frequency Trader or Scalper}, 스윙 트레이더^{Swing Trader} 정도가 있고, 반대편은 가치주 투자자 정도로 크게 나눌 수 있다. 일반적으로 몇백만 원의 돈으로 짧은 시간 내 큰 부를 이룬 사람들은 데이 트레이더나 초단타 스캘퍼일 확률이 높다. 적은 돈으로 짧은 시간에 큰 부를 얻을 수 있다면, 모두가 그 길을 택하지 않겠는가? 실제로 사람들이 선망의 대상으로 삼는 트레이더 대부분이 이런 부류에 속하고, 그들의 매매 방식을 따르려 한다. 그래서 시중의 많은 트레이더 관련 도서가 이 매매 방식을 채택하여 그 방법을 다루고 있다. 물론 자신에게 맞는 트레이딩 유형을 찾는 게 가장 중요하다. 그렇다고 딱 한 가지 방법만 취하고 다른 것에 관심을 갖지 않는다면, 그것 역시 좋은 방법은 아니다. 각 트레이딩 기법을 기본적으로 익히고 충분히 이해한 다음 자신에게 맞는 길을 찾아가면 된다.

데이 트레이더

트레이딩을 하는 데 있어서 1~3일 정도 주식을 보유하는 사람을 말한다. 다음에 설명할 스윙 트레이더보다 조금 짧은 호흡으로 이해할 수 있다. 일반적으로 단타를 하는 사람들이 가장 많이 속한 타입이라 할 수 있다. 전황도 역시 데이 트레이더에 가깝다.

데이 트레이더는 시장에서 '뜨거운 Hot' 종목에 큰 관심이 있다. 언제나 매매하는 현시점을 기준으로 가장 '핫'한 종목을 선정하려고 노력한다. 해당 종목을 며칠 끌고 가면서 종가 베팅(종베) 또는 시가 베팅(시가 매수) 등을 하며 장중에 보유하는 편이다. 시장이 좋지 않을 때는 오후에 주식을 매수하고, 다음 날 오전에 매도하는 전략을 가진 데이 트레이더들도 있다. 때마다 다르지만 최근 시장의 성격은 이 시간대에 매수와 매도 타이밍을 잡으면 수익률 면에서 좋은 경향을 보인다. 시장에서 주식을 매수하고 일정 기간 보유하는 전략이기 때문에 스캘핑 트레이더보다 비교적 큰돈으로 트레이딩이 가능하다. 본인은 보통 대형주를 위주로 거래한다. 나는 좋은 종목이 나타나면 약 30억 이상 베팅하고, 섹터 이슈와 강도를 살펴보다가 다음 날이나 그다음 날 매도하는 전략을 많이 구사한다.

스캘핑 트레이더

순간적인 뉴스와 시장에서 호가의 흐름을 베이스로 이용하는 트레이더다. 아주 짧은 시간, 매초, 매분 단위로 관찰하고 판단하면서 순간적인 돈의 흐름을 통해 트레이딩한다. 순간적 흐름에서 발생하는 주가의 갭을 이용한다. 주변에는 스캘핑에 타고난 트레이더들이 있다. 경험상 이런 방식의 매매를 하는 사람들은 대개 특별한 재능이 있었다. 또 대부분 20대 중반에 스캘퍼로 성공한 친구들을 많이 볼 수 있는데, 30대가 넘어가서도 꾸준히 성장세를 유지하는 친구들은 잘 보지 못했다. 결국 순간적인 판단, 즉 순발력이 매우 중요한 매매 방식인데, 자연의 섭리가 우리의 두뇌와 감각을 퇴화시키면 매매의 승률도 낮아지는 모습을 볼 수 있었다.

스캘핑은 많은 체력과 집중력을 요구한다. 아주 짧은 순간에 거액을 벌 수 있기에 가장 화려한 매매법이기도 하다. 개인적으로는 매매의 꽃이라 불릴 만하다고 생각한다. 하지만 99.9%는 스캘핑으로 성공할 수 없다. 앞서 말했듯 보통 사람을 월등히 뛰어넘는 순발력과 판단력을 가져야 스캘핑에 진입할 수 있는데, 그마저도 자연의 섭리로 인해 지속적인 수익을 내기란 더더욱 가능성이 적다는 뜻이다. 물론 이 낮은 확률을 뛰어넘는 스캘퍼는 초고수익의 주인공이 된다. 사실 나 역시 스캘핑에 도전했었다. 처음 주식시장에 진입하면서 채택했던 매매 방식이었다. 다행히 3개월 만에 전 재산 300만 원을 잃는 정도에서 스스로 깨달을 수 있었다. 내 능력으로는 매우 어려운 일이라는 것을 느꼈고, 주식시장은 참으로 호락호락하지 않다는 걸 알았다. 물론 여전히 스캘핑 트레이더에 대한 개인적 로망은 남아있다. 다만 내가 그 주인공이 될 수 없다는 건 확실하다.

스윙 트레이더

앞서 말했던 스캘핑 트레이더의 생존율은 높지 않다. 그래서 큰 부를 이루었다가 사라지는 경우가 많다. 생존율과 수익성을 감안했을 때 큰 부를 이루는 대부분의 트레이더가 바로 '스윙 트레이더'다. 이들은 보통 1주일에서 길게는 3개월, 혹은 그 이상의 기간 동안 보유하면서 끌고 가는 매매를 한다. 스캘핑이 순간적 흐름에 집중한다면, 스윙 트레이더는 장기적 흐름에 집중한다. 이 장기적 흐름을 파악하려면 시장 자체를 분석해야 한다. 여기서 시황이나 재료 등에 대한 정보를 수집하고 공부하는 노력이 필요하다. 평소 뉴스를 살피고 분석을 잘한다면 스윙 트레이더가 잘 맞을 수 있다. 주식시장의 지수 차트가 정배열 초입에 들어섰을 때 종목을 좀 더 길게 끌고 가며 보유하면 수익금을 크게 누적시킬 수 있다는 장점이 있다.

여기서 중요한 건 지수 차트가 정배열에 들어갔을 때라는 점이다. 지난 2024년 하반기처럼 시장 상황이 좋지 않을 때는 이러지도 저러지도 못하는 상황이 연출될 수 있다. 시장이 좋을 때는 우상향하며 큰 수익을 낼 수 있지만, 반대로 하락할 때는 예상보다 훨씬 빠르고 급격하게 빠지므로 기민하게 반응해야 한다. 여기서 필요한 부분이 투자 아이디어다. 이 아이디어는 온 천지에 굴러다니는 찌라시나 광고 뉴스에서 나오지 않는다. 기업의 실질적 가치, 그것도 숫자로 표현된 '실적'에서 나온다. 기업의 실적을 따지는 건 가치투자자에게만 해당되는 얘기가 아니다. 스윙 트레이더 정도의 호흡에선 어느 정도 기업의 상승세와 가치를 스스로 판단하고 있어야 한다. '이 기업이 꾸준한 성장과 실적을 낼 수 있을까?'라는 고민으로 접근하는 것이다. 그러한 고민이 만들어 낸 아이디어로 트레이딩해야 유의미한 결과를 도출할 수 있다.

한 걸음 더 나아가 자신이 도출한 아이디어가 자신만의 것에 그쳐서는 안 된다. 시장에 참여하고 있는 외국인, 기관, 개인투자자 역시 자신과 같은 아이디어를 갖고 있어야 한다는 뜻이다. 예를 들어 냉면과 육개장을 파는 식당이 있다고 치자. 추운 겨울 이 식당에서 가장 잘 팔리는 메뉴는 육개장이다. 물론 냉면을 먹는 사람도 있을 것이다. 어느 추운 날 당신이 이들에게 메뉴를 추천한다면 팔릴 확률이 높은 메뉴를 소개할 것이다. 환경과 상황을 반영한 메뉴 선택을 한다는 말이다. 즉, 내가 고안한 아이디어는 충분히 논리적 설득력이 있어야 한다. 당장 옆에 있는 트레이더에게 내가 매수한 종목에 관해 명료하게 설명할 수 있어야 한다. 내가 왜 삼성전자를 샀는지, 그에게 충분한 설명이 가능한가? 특정 주식이 신고가 구간에 있는데, 어떤 이슈로 상승 국면을 맞이했는지 구체적으로 설명할 수 있어야 한다. 그래서 그 역시 공감하고 같이 매수 버튼을 누를 수 있을 만큼 매력적이어야 한다. "너도 사고 싶지?"라고 했을 때 "Yes"라는 답이 바로 나올 수 있는 아이디어 말이다.

가치주 투자자

일반 단타 매매를 하는 사람과는 전혀 다른 분야라고 할 수 있다. 보통 금융기관에서 운영하는 펀드는 6개월~3년 뒤를 평가하고 주식을 매수하는 경우가 많다. 그런 경우에는 해당 기업의 밸류값이 어떻게 되는지 정확히 분석하고 매수한다. 밸류값을 비교하기 때문에 해당 주식이 많이 내려왔을 때 매수하고, 매우 긴 시간을 보유한 뒤 수익 실현에 나선다. 여기서 중요한 건 해당 주식의 가치가 현재 저평가되어 있고, 훗날 제대로 가치를 실현할 날이 온다는 분석적 확신이다. 워렌 버핏 Warren Edward Buffett처럼 어마어마하게 큰 규모의 자본을 굴리는 사람들이 여기에 속한다. 국내에서는 2008년 금융위기, 2020년 코로나 위기 때 주식을 매수해 훗날 매도하면서 수익을 크게 올린 이들이 많다. 이들에게 위기는 곧 기회가 되기도 한다.

총 네 가지 타입의 매매법을 소개했다. 주식을 사고판다는 큰 개념으로 보자면 이보다 훨씬 많은 종류의 투자법이 존재한다. 무엇보다 앞서 언급했듯 본인이 어떤 트레이더로 살아갈지에 대한 선택은 매우 중요하며, 신중하게 자신의 성향에 맞는 기법을 적절히 활용해야 한다. 문제는 이 시장에 정말 다양한 트레이더가 존재한다는 것이다. 당연한 얘기지만 시장에는 나 혼자 있는 게 아니다. 여러 트레이더가 시장에 모이고, 여러 기법이 난무하는 공간이다. 우리는 시장에 진입하면서 그들과 끊임없이 경쟁과 유대를 반복하며 살아남아야 한다. 다시 말해, 오늘 내가 트레이딩하는 종목 안에서 어떤 부류의 트레이더가 접근하고 있고, 그들의 목표가는 어느 정도이며, 매수와 매도 타이밍은 어디쯤일지에 대한 이해가 필요하다. 그렇기에 각 시장 참여자의 특징을 이해하는 일은 자신의 길을 선택하는 기준이 되기도 하면서, 지피지기면 백전백승을 이룰 수 있는 필수 공부 중 하나라 할 수 있다.

주식시장 참여자를 이용하는 법

　주식의 가격은 많은 사람이 매수하면 올라가고, 반대로 다수가 매도하면 떨어진다. 그렇다면 이론상 여러 타입의 선수들이 함께 매수하는 주식을 트레이딩한다면 수익을 내는 데 더 수월한 고지를 잡을 수 있다. 이렇게 여러 타입의 트레이더를 정의하고 '어떻게 하면 이들 속에서 효율적으로 수익을 낼 수 있을까'라는 고민이 필요하다.

　우리는 평소 "신고가 종목을 매매하세요!"라는 이야기를 많이 듣는다. 그 이유가 무엇일까? 여러분은 왜 신고가 종목을 거래하는가? 신고가이기 때문에 위로 매물이 없어서 어디까지 상승할지 모른다는 답변이 많다. 그런데 참으로 이상하게도 내가 관심을 가진 신고가 종목을 매수하고 나면, 늘 매물이 쏟아져 나오면서 가격은 다시 제자리로 돌아가곤 한다. 문제는 하필이면 내가 샀다는 거다. 그럼 신고가 종목을 매매하는 데 있어 '상승하지 않는 종목을 피하고, 좋은 종목을 만나려면 어떻게 해야 하나?' 의문을 가져야 한다. 몇 가지 조건을 추가하면 더 좋은 결과를 얻을 수 있다. 이제 트레이더들을 이용해 볼 차례다.

첫째, 여기서 우리가 참고할 수 있는 것이 가치주 투자자의 지향점이다. 앞서 얘기한 것처럼 그들은 6개월에서 3년 이상을 바라보고 매매에 접근한다. 특정 종목을 가치투자자들이 매수하면서 신고가를 만든다는 것은 분명 긍정적인 신호다. 지금 시점에서 가치의 반영이 순차적으로 이뤄지기 시작하고 있다는 의미다. 그래서 외국인이나 기관 같은 메이저 수급을 이용한 매매를 할 때, 연기금과 투자신탁을 눈여겨봐야 하는 것이다. 연기금과 투자신탁은 꾸준히 투자 자금을 집행하기 때문에 메이저 수급을 이용한 매매(일명 수급매매)를 하는 트레이더에게 아주 중요한 지표가 된다. 지금 시점에서 신고가를 만드는 종목이 있다면 몇 가지를 더 유념해서 보면 된다. 내년 실적 전망이 더 좋아지고 있고, 연기금과 투자신탁이 꾸준히 매수하고 있는 종목일 경우 우리는 이 종목에서 훨씬 높은 확률로 트레이딩에 성공할 수 있다.

둘째, 우리는 지수가 하락하는 구간에서 주식의 저점을 노린다. 그런데 여기가 저점이 맞을까? 더 내려갈 곳이 남은 건 아닐까? 주식의 저점을 잡으려 할 때 생각해야 할 점들이 있다. 우리는 보통 종목의 매수 시점에 대해 정확한 개념 없이 그냥 넓은 범위를 두고 분할매수를 이어가는 경우가 많다. 하지만 넓은 범위를 두고 매매할 경우 수익은 적게, 손실은 크게 가져갈 가능성이 매우 크다. 여기서 해야 할 일은 이 넓은 범위를 좁혀나가는 일이다. 다시 가치투자자가 고려하는 밸류값을 봐야 한다. 연기금이나 투자신탁처럼 같은 밸류를 보고 투자하는 집단이 저점에서 매수하며 주식의 가격 하락을 방어하고, 뚜렷한 저점을 형성해 상승으로 돌리는 역할을 하기 때문이다. 그래서 그들의 움직임을 주시하면서 매수의 타이밍을 잡는다면 범위는 좁게, 승률은 높게 가져갈 가능성이 크다.

셋째, 스캘퍼나 데이 트레이더를 역으로 이용하는 방법도 생각해볼 수 있다. 일봉상 또는 주봉상의 추세가 좋고 실적을 비롯한 모든 밸류값이 좋은 주식이 있다고 가정해보자. 이렇게 좋은 주식은 대개 움직임이 느린 편에 속한다. 느리게 움직이므로 추세를 보고 접근한 스캘퍼나 데이 트레이더가 큰 추세 안에서 종목의 변동성을 크게 만드는 경우가 많다. 여기에서 우리는 아이디어 하나를 떠올릴 수 있다. 추세가 크게 우상향한다고 가정했을 때, 스캘퍼나 데이 트레이더가 손절하는 곳에서 내가 매수로 진입한다면 어떻게 될까? '이미 상당히 합리적인 가격에 주식을 사들인 격이기 때문에 수익을 내기에 좀 더 수월하다'는 결론에 도달할 수 있다. 즉, 수익을 빨리 내고 싶은 성격 급한 트레이더의 성향을 반대로 이용하는 방법이다.

이것 외에도 각각의 트레이더를 분석하는 것만으로도 많은 아이디어를 얻을 수 있다. 요즘은 유튜브의 시대이다 보니, 각자의 색깔을 뚜렷하게 지닌 트레이더가 많다. 이런 사람들을 통해 그들의 움직임을 예측해보고 내가 하는 매매에서 수익을 낼 수 있는지 깊이 생각해봐야 한다. 그래서 그들을 늘 관찰하고 연구하는 습관이 필요해진다.

그렇다면 전황은 어떤 매매를 추구할까? 나의 경우에는 데이 트레이더에 가깝다고 할 수 있다. 보통 종목의 주가가 눌림을 줄 때 매수하는 것을 좋아한다. 추세의 색깔이 강한 대형주를 좋아한다. 그 안에서 스캘퍼나 데이 트레이더가 손절매하는 물량을 받아서 반등에 매도하는 전략을 많이 구사한다. 보통 하루에서 사흘 정도 주식을 홀딩하면서 1~3개 정도의 종목에 집중해 매매하는 편이다. 지수가 급락하는 구간에서는 전체적으로 투매를 잡는 매매도 즐겨 한다. 보통 '투매'라고 하면 테마주 같은 종목을 떠올리기 쉽다. 내 경우에는 2024년을 기준으로 볼 때 SK하이닉스, 삼성전자와 같은 대형주를 상대했다. 하락 구간의 저점에서 매수한 다음 반등에 매도하는 전략으로 수익을 실현했다. 그렇다면 저점은 어떻게 예측했을까? 앞서 언급했듯 밸류를 주로 다루는 펀드나 투자자들이 생각하는 SK하이닉스의 밸류 값을 참고했고, 해당 구간에서 그들이 진입해 매수해 줄 것이라 예상했다. 그곳이 저점일 가능성이 크다. 항상 매수할 때는 일정 범위를 정하고, 그 범위를 넘어선다고 판단하면 손절매로 대응한다. 수익은 크게, 손실은 정해진 값 이내로 유지하면서 매매하는 전략이다.

마지막으로 대형주가 추세를 이루며 신고가를 돌파하고 거래량을 동반하는 경우가 있다. 대표적으로 올해 SK하이닉스가 신고가를 만들면서 계속 우상향했다. 이런 경우에는 가치투자자인 투자신탁, 연기금과 함께 강한 비중으로 베팅하면서 따라간다. 손절 폭 자체는 3% 이내로 잡기 때문에 비중을 집중해 넣고, 수익을 극대화하는 전략을 취할 수 있다.

나는 주식 매매에 있어서 항상 '논리'를 강조한다. 누군가 나의 논리를 들었을 때 그 사람이 설득될 수 있을 정도로 근거가 있어야 한다. 매매는 기분으로 하는 게 아니다. 합당한 근거를 동반하지 않은 매매는 실패 확률을 극단적으로 높인다. 자신의 모든 매매는 근거가 있어야 하고, 그 근거가 타인을 설득할 수 있어야만 매매가 정립되었다고 할 수 있다. 이 책에서는 계속해서 "근거를 어떻게 가져갈 것인가"에 대한 이야기가 끊임없이 이어질 것이다.

대형주 추세추종 트레이딩 배경의 이해

대형주와 베팅의 복리

주식은 은퇴하기 직전 1년 수익이 본인의 자산의 80%를 만들기도 하는 곳이다. 워런 버핏조차도 최근 10년 동안 이룬 자산이 80%이다. 60년 넘는 투자 인생 중에서 말이다. 결국 트레이딩은 은퇴의 순간을 위한 베팅을 준비하며 시드를 늘려 나가는 과정일 것이다. 그런데 가벼운 종목, 즉 위아래로 주가 변동성이 큰 종목은 어떨까? 우리는 그런 가볍고 변동폭이 큰 종목으로 어떤 확신을 가지고 자산을 늘려 나갈 수 있을지 고민해야 한다. 가벼운 종목 단타의 문제는 '단리'라는 점이다. 가벼운 종목은 베팅의 한계가 뚜렷하기 때문이다. 주식은 계좌의 시드가 늘어나는 대로 베팅을 늘리고, 줄어드는 대로 베팅을 줄이면서 계속 투자해야 한다. 가벼운 종목은 10억, 20억 또는 그 이상의 베팅을 하기 어려우니 당연히 복리를 누릴 방법이 없다. 나는 그런 문제에 관해 늘 생각을 해왔다, 남들이 움직임이 적어 큰 수익을 내기 어렵다고 단정해 관심을 두지 않는 대형주에서 매력을 느꼈다. 대형주는 주가 변동 폭이 작고 움직임을 어느 정도 예상할 수 있으며, 비중을 실어도 마음이 크게 동요하지 않는다. 방향이 정해지면 우직하게 움직이기 때문이다. 그래서 대형주의 경우 베팅의 복리를 누릴 수 있다.

그렇다면 대형주 매매가 가진 단점은 무엇일까? 수익 측면에서 큰 단점은 없다고 생각한다. 다만 가벼운 종목보다 도파민이 적다. 아니, 아예 없을 수도 있다. 요즘 '도파민 중독'이라는 표현을 부정적으로 많이 쓴다. 나에게 주식시장에서 가벼운 종목의 매매는 도파민에 중독된 매매일 뿐이다. 물론 나처럼 주식에 특별한 재능이 없는 평범한 사람에게 해당하는 말이다. 즉, 대형주 매매는 대체로 재미가 없다. '재미'는 인간 본성의 측면에서 매우 중요하다. 그래서 우리는 계속 재미있는 매매를 하려는 강한 경향이 있다. 하지만 명심해야 할 일은 주식 매매의 목적이 돈을 버는 것이라는 점이다. 재미를 위해 돈을 잃어버리는 수단이 되어서는 결코 안 된다. 주변에서 꾸준히 수익을 내지 못하고 몇 년간 손실만 보는 사람들의 공통점이 바로 이런 '재미'를 추구하다 도파민에 중독된 상태로 변한다는 점이다.

분기, 반기별로 존재하는 한 해 시장의 주도 섹터

주식시장에서 10년 이상 트레이딩하며 느낀 점 중 하나는 영원한 주도주는 없다는 것이다. 무상無相이라는 단어가 있다. 우리가 삶이 무상하다고 말할 때 이를 마치 허무주의처럼 받아들이는 사람이 있다. 그러나 단어의 뜻을 잘 살펴보면 실상은 그렇지 않다. 무상은 상이 없다는 뜻이다. 모든 것이 항상 변하기 때문이다. 지구가 만들어지고 지금까지 단 하루도 같은 날씨는 없었다. 하늘에 뜬 구름은 단 한 번도 같은 모양이었던 적이 없다. 아주 당연하게도 모든 것은 변하기 때문이다. 그래서 정해진 모양이 없다는 뜻이 바로 무상이다. 주식시장도 마찬가지다. 시장은 시간이 지나면서 시대에 따라 끊임없이 모습을 바꾼다. 때에 따라 유행하는 주도주가 생겼다가 다시 소멸한다. 이 과정은 늘 반복된다.

우리는 트럼프 2.0 시대를 맞이하여 살아가고 있다. 과거 트럼프가 첫 집권을 했을 때 가장 뜨거웠던 주식은 대북 관련주였다. 그때는 시가총액이 작은 주식 외에도 현대엘리베이터, 현대로템 등 강력한 대형주도 많이 있었다. 그리고 2020년 코로나 장세에서는 삼성SDI를 비롯해 LG에너지솔루션 등 2차전지 종목들이 주류를 이루며 뜨거운 섹터가 되었다. 마치 전기차 시대가 곧바로 도래할 것만 같았다. 2021년에는 바이오 관련주가 뜨겁고 강했다. 2022년에는 거의 모든 종목이 하락하던 시기였다. 2023년에는 에코프로를 필두로 2차전지 재료관련주가 시장을 압도했다. 에코프로 형제들의 시가총액이 무려

에코프로_일봉(2023년)

50조 원에 다다랐다. 2024년에는 변압기 등을 필두로 한 전력기기 관련주와 SK하이닉스를 필두로 한 AI반도체가 뜨겁게 달아올랐다.

차트를 자세히 보면 언급한 대로 2023년은 2차전지 관련주가 큰 주목을 받았다. 에코프로의 경우 2023년 7월까지 약 1,200%나 상승했다. 앞장에서 말한 이런 텐베거 종목이 나오는 경우도 거의 대부분 지수 추세의 1번 구간에서 빈번히 발생한다. 에코프로는 양극재 제조사인 에코프로비엠의 최대주주이기도 하다. 그렇다면 에코프로비엠의 차트도 한번 살펴보자.

에코프로와 더불어 에코프로비엠 또한 2023년 7월까지 500%가 넘는 상승을 보였다. 2023년에는 그룹주로 움직이는 경향이 강해 에코프로 그룹과 포스코 그룹이 주도한 해였다.

포스코DX의 경우 2023년 12월까지 1,300%의 상승을 보였다. 에코프로 그룹주가 큰 상승 후 하락으로 전환했을 때 그 흐름을 이어받

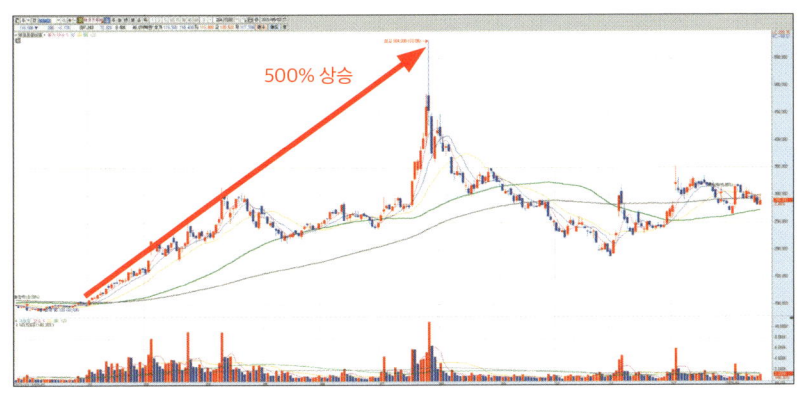

에코프로비엠_일봉(2023년)

포스코DX_일봉(2023년)

아 2차전지 섹터를 살렸던 케이스라고 볼 수 있다.

이제 조금 더 지금과 가까운 2024년의 개별 대형주의 흐름도 한번 살펴보자.

2024년에는 SK하이닉스가 엔비디아와 엮이게 되면서 상반기에만 약 90%의 상승을 이어갔다. 그와 관련된 AI반도체가 살아나는 분위기를 만드는 시장이었다. 시장 참여자들은 곧 AI와 관련한 이야기로 전력을 주목했으며 이에 관한 관심이 높아졌다. 게다가 전력기기의 수출입 데이터가 시장의 기대치를 만족시키며 크게 주목받을 수 있었다.

HD현대일렉트릭의 경우 2024년에 약 440% 상승을 보였다. 2024년의 특이한 점은 실제로 실적을 내는 기업의 상승에 있다. 숫자가 찍히는 기업의 주가에 발표된 실적이 크게 반영되면서 높은 상승을 이뤘다는 점을 주목할 필요가 있다. 개인적인 생각이지만 이러한 현상이 한국 주식시장이 조금씩 건강한 방향으로 가고 있다는 증거라고 본다. 지금껏 실적도 없이 거품만 잔뜩 끼어있었던 종목들이 얼마나 많았는지 상기시켜 보자. 아마 숱하게 찾을 수 있을 것이다. 잠깐 동안 반짝하는 테마가 아니라 실제 실적에 따라 성장하는 기업이 많아지는 건 투자자로서 듣기 좋은 소식이다. 누구나 주식시장에서 실적이 좋은 기업의 주가가 우상향한다는 통념이 있다. 그러나 지금껏 한국 시장은 사뭇 달랐다. 이처럼 우리 주식시장도 상식에 걸맞은 방향으로 조금씩 변모해야 하고, 이러한 변화가 당연한 일이 되어야 한다.

알테오젠은 미국 제약회사와 실질적인 계약을 따내며 2024년 약 500%의 상승을 보였다. 코스닥 시총 상위의 에코프로 그룹주들을 제치고 코스닥 시총을 갈아치운 중요한 한 해였다.

이렇듯 작은 테마가 아닌 산업 스토리를 앞세워 특정 섹터가 시장을 주도하는 상황은 늘 존재한다. 그들은 시가총액이 3조 원이 넘는

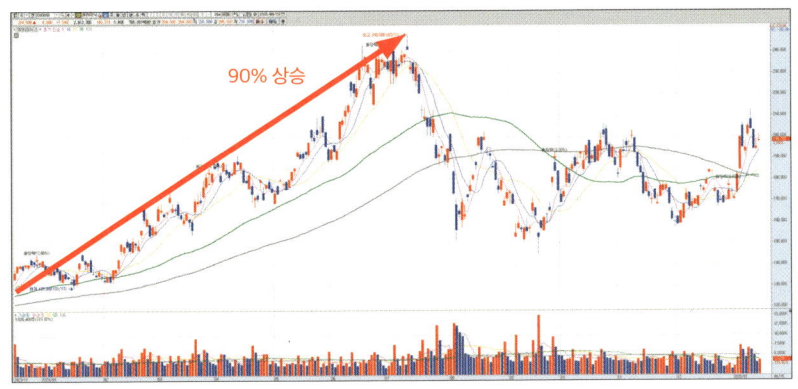

SK하이닉스_일봉(2024년)

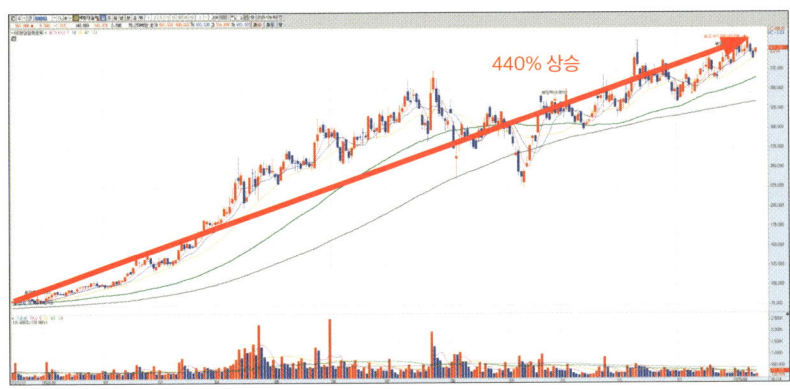

HD현대일렉트릭_일봉(2024년)

대형주들이었으며, 이들의 움직임은 결국 시장 전체를 흔드는 에너지를 발산했다. 한 해에 두세 가지의 주요 섹터가 늘 존재한다. 우리의 눈과 귀는 이들 주요 섹터를 향해 있어야 한다. 그리고 그 섹터의 산업 스토리를 이해하고 분석하는 자세를 가져야 한다. 섹터에 대한 이해 없이 중구난방으로 관심종목을 늘여 놓지말자. 주도 섹터 내에서

4장 전황 대형주 추세추종 트레이딩, 개념

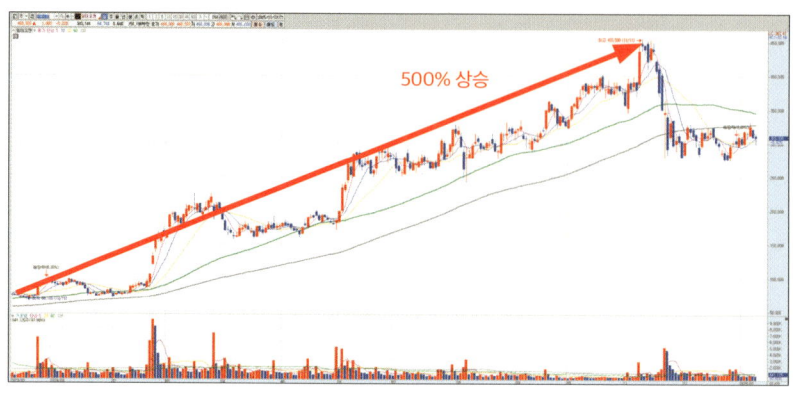

알테오젠_일봉(2024년)

관심종목은 소수만 두고 트레이딩하는 전략을 세워도 좋은 결과를 얻을 수 있다. 잘 알지도 못하는 종목 20개를 갖고 있는 것보다 섹터에 대한 이해가 충분한 한두 개 종목만 갖고 있어도 영리한 트레이딩이 가능하다는 뜻이다.

 시장에는 항상 내년, 내후년 또는 그 이상의 시간에 실적이 좋아질 것이라는 기대를 받는 섹터가 존재한다. 2025년 시장만 해도 조선과 방산을 손꼽을 수 있다. 이 섹터는 분명 수주를 통해 앞으로 3년 뒤의 매출을 추정할 수 있고, 그에 따른 수익도 어느 정도는 가늠할 수 있게 된다. 이들에 대한 숫자가 만들어지는 만큼 시장 참여자들끼리 '영업이익이 어느 정도 나며, 그에 따른 주식의 밸류값이 어느 정도는 돼야 한다'라는 기본적 타협점이 완성된다. 따라서 이런 종목들은 수주가 줄어드는 시기까지 추세를 타고 꾸준히 상승하는 흐름을 만든다.

 바로 위에서 예로 든 알테오젠 같은 경우는 글로벌 제약사 머크[MSD]에서 받는 로열티 수입이 어느 정도인지에 관한 시장의 컨센서스^{Consensus}가 형성되어 있다. 가령 2025년 가을에 신약이 출시되면 2027년에는 로열티를 1조 원 규모로 받을 수 있을 것으로 시장에서 추정하므로 알테오젠의 주가는 오르내림을 반복한다. 화장품은 어떠한가? 세계시장에서 잘나가는 에이피알, 파마리서치의 경우 분기마다 판매량과 실적이 우상향하고 있다. 이 실적이 꺾일 때까지는 주가도 계속 우상향하며 사람들의 기대를 모은다. 전력기기도 마찬가지다. 평소에는 전혀 수출이 없던 산업이 어느 순간 미국의 전력 설비 노후화로 인해 수출이 시작되었다. 분기마다 수주 실적은 최고치를 경신하고, 이 실적은 계속 상승하고 있다. 그러다 보니 3년 동안 지속적인 주가 상승 추세를 유지하고 있다.

이제 마냥 정치 인맥주와 같은 얼토당토않은 것을 찾아 헤매지 말고, 숫자(실적)가 내년 혹은 내후년에도 계속 좋아질 기업 또는 섹터를 공부하도록 하자. 다시 이야기하지만 그런 섹터는 몇 년 동안 계속 트레이딩해야 한다.

상반기 주도 섹터, 하반기는 주도하지 못한다

앞서 언급한 내용과 이어지는 이야기다. 나의 경우 오랜 시간 트레이딩을 하다 보니 상반기에 주도한 섹터가 하반기에도 주도할 것이라는 섣부른 예측으로 실패를 경험한 적이 있다. 주도 섹터는 항상 꿈을 먹고 자란다. 사람들의 희망이 그들을 살찌우고 주인공으로 치켜세운다. 그래서 충분한 상승을 만든 뒤 내려오는 구간에서 가격이 낮아지니, 오히려 진입하고 싶은 매력을 느낄 때가 있다. 그럴 때는 그 종목만 바라볼 것이 아니라 주변을 좀 둘러봐야 한다. 새로운 종목들이 주도 섹터로 올라오는 시기일 수도 있다는 얘기다. 가격의 상대적 저렴함에 매력을 느낄 때가 아니라 섹터 자체를 옮겨 가야 할 시기가 도래한 것일 수도 있다. 괜한 미련 때문에 앞에 있는 종목들을 저점 매수하겠다며 나섰다가 홀딩하고서 처참하게 크게 깨진 적이 있었다. 그래서 주도 섹터는 항상 6개월 정도를 기점으로 상승과 하락을 반복한다고 생각한다. 추세를 형성하고 상승했을 경우에는 최소 6개월 이상 횡보하며 쉬어 갈 가능성을 염두에 두고 접근한다. 2024년만 해도 SK하이닉스의 경우 영업이익률 50% 달성이라는 엄청난 기대감을 안고 상승했다. 6개월 정도 상승 추세를 그리더니 현재는 일정한 가격 구간 조정 이후 계속 옆으로 횡보하는 그림을 그리고 있다.

    2023년 에코프로의 상승 구간을 기억하는가? 아마 그 당시를 기억하는 투자자도 많을 것이다. 그때는 주가가 절대로 내려오지 않을 것처럼 보였다. 하지만 이렇게 한 해의 상반기부터 하반기까지 하락하지 않고 지속하여 오르는 경우는 거의 없다. 이런 텐베거 종목의 경우 상승할 때 수익을 많이 주기도 하지만, 하락 구간에 접어들면 생각지도 못한 큰 손해를 주는 종목이 되기도 한다. 2024년 상반기를 주도했던 SK하이닉스 또한 7월까지 상승하고 하락과 횡보 구간으로 접어든 것을 눈으로 직접 볼 수 있다.

에코프로_일봉(2023년)

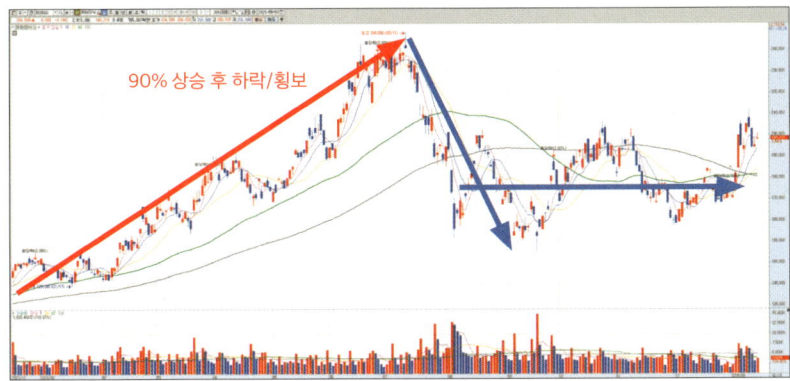

SK하이닉스_일봉(2024년)

돈의 흐름,
섹터의 움직임 분석하기

60/120이평선을 활용한 추세 분석

나의 경우 하나의 섹터를 이룬 대형주가 6개월씩 상승 추세를 그리며 상승할 가능성이 있는지 찾아보는 방법을 사용한다. 바로 가장 전통적인 방법인 이동평균선을 활용하는 것이다. 보통 60일선과 120일선의 정배열을 가장 강력한 신호로 본다. 2020년 엄청난 시세를 낸 카카오의 경우에도 60일선과 120일선이 정배열을 이룬 구간이 거의 없다. 항상 어느 정도 반등하면 해당 이평선을 깨고 내려가는 경우가 대부분이다. 2차전지 종목도 마찬가지였다. 많은 종목이 그런 모습을 보인다. 60일선과 120일선이 교차하는 구간은 이제 대시세를 만들기 위한 '최소 전제조건'이다. 그래서 외국인 또는 기관 수급이 특정 섹터를 매수해 해당 종목들이 60일선과 120일선의 골든 크로스를 만든 뒤 거래량이 증가하면, 손절을 각오하고서라도 트레이딩에 임한다. 이후 단기적으로 5~20일선까지 정배열 구간을 확인해 세부 매매 타점을 잡으며 트레이딩한다. 그럼 60일선과 120일선만 놓고 주가의 움직임이 어떻게 전개되는지 다음 차트를 통해 알아보자.

상승하고 있는 모든 종목의 주봉, 일봉, 분봉을 보면 60이평선과 120이평선의 정배열 구간이 중요한 지표가 된다. 60/120이평선이 정배열하는 구간에서는 상승을, 역배열 구간에서는 하락하는 모습을 볼 수 있다. 물론 5, 10, 20이평선을 보고도 판단할 수는 있지만, 짧은 구간이므로 순간순간 변하는 주가를 통해 매매의 방향성을 유지하기란 쉽지 않다. 그러면 차트에서 캔들을 지우고 이평선만 보이도록 해보자. 그렇게 하면 조금 더 디테일한 변화를 감지할 수 있다. 단순히

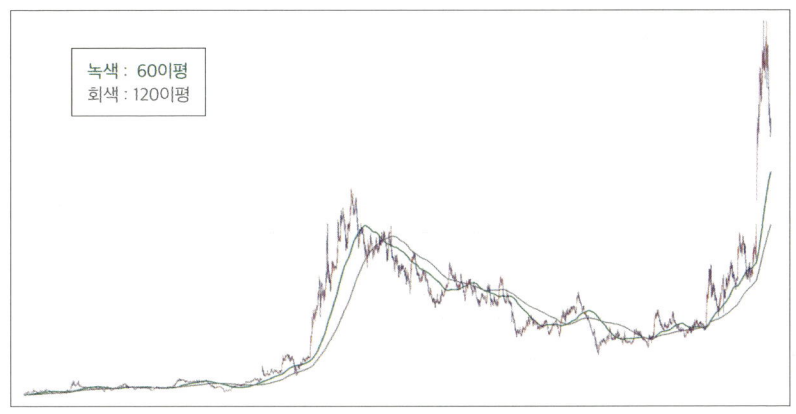

단순화한 차트 예시

60/120이평선이 교차하는 모습뿐만 아니라 얼마나 가파르게 이동하는 움직임을 보이는지 알아챌 수 있다.

60이평선과 120이평선이 정배열 구간에 위치할 때, 120이평선의 각도가 상승 추세의 강도를 결정한다. 같은 정배열 구간이라도 120이평선이 큰 각도로 돌리는 구간을 개인적으로 아주 중요한 지점이라 생각한다. 그렇다면 120이평선이 지지부진하게 이어질 때는 어떻게 보이는가?

눈으로 직접 확인할 수 있다시피 60이평선과 120이평선이 정배열 구간에 존재하더라도 120이평선이 횡보할 때는 시세의 연속성이 없는 경우가 다반사다. 결국 120이평선의 움직임이 향후 주가의 장기적 흐름을 예측할 수 있는 중요한 지표가 된다는 뜻이다. 특히, 대형주의 추세를 파악하기 위한 이러한 노력은 전황의 매매에서 중요한 역할을 한다. 자칫 쉬워 보이고, 간단하게 느껴져 이를 가벼이 보고 간과한다면 큰 추세를 파악하는 데 어려움을 느낄 수 있다.

파동에 관한 이야기를 짧게 하자면 다음과 같은 질문을 던져보고 싶다. 주식시장에서 주가의 흐름은 무작위로 움직이지 않고 항상 일정한 규칙과 패턴을 따르며 움직이는가? 그리고 앞서 일어났던 주가의 흐름들이 다음 파동에도 비슷하게 움직이는가? 이러한 것들을 분석하여 통계를 내는 일이 얼마나 의미가 있을까? 개인적인 견해로 파동은 어느 정도 맞고, 또 어느 정도 맞지 않다는 견해를 갖는다. 연구해보고 공부해보는 것은 언제나 좋지만, 파동에만 매몰되어 온 정성

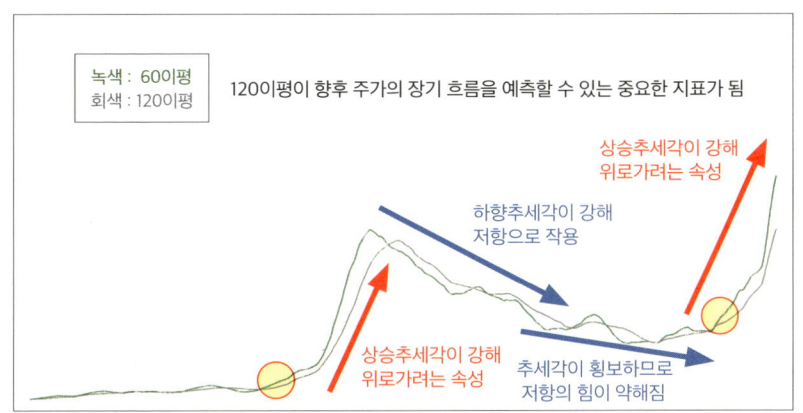

이평선의 상승추세각_캔들을 지운 차트

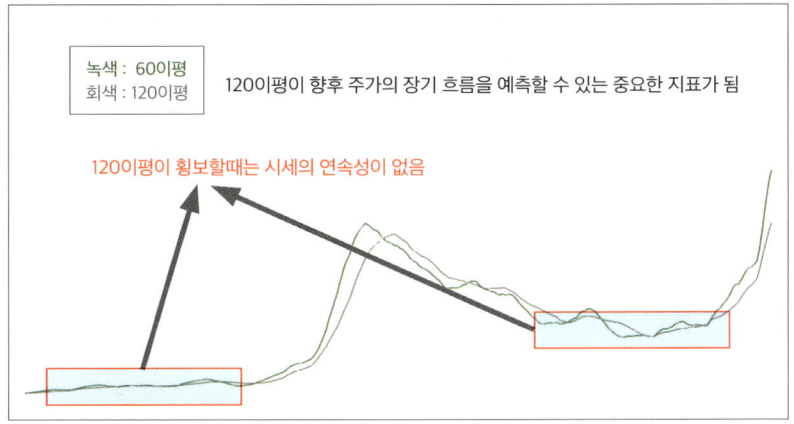

120이평선의 횡보 모습_캔들을 지운 차트

을 다해 연구할 필요는 없다고 느낀다. 앞서 이야기한 60/120이평선의 전환점의 의미와 방향성을 고민해보는 것만으로도 대형주 추세추종 트레이딩을 하는 데 있어 충분하다고 생각한다. 말의 요지는 파동이 무조건 중요치 않다고 하는 게 아니라, 하나에만 치우쳐 과하게 몰두하지 않아도 괜찮다는 것이다. 나의 경우 어떤 종목이 파동을 낼 때 차트만 보지 않는다. 유동성(거래대금), 상대강도(섹터의 강함)을 포함해 해당 종목이 속한 섹터가 세계적인 유행에 포함되는지, 국내 시장에만 한정되는지, 해당 섹터의 모멘텀이 얼마나 지속할 수 있는지까지 모두 종합적으로 살펴보고 판단한다.

우리가 주식시장에서 매매하는 가장 큰 이유를 다시 떠올려 보자. 결국 돈을 벌기 위해서 매매한다. 수익을 창출해내는 것이 트레이더의 최종 목표가 된다. 돈을 벌기 위해서는 돈이 있는 곳에 머물러야만 한다. 상승 추세가 강한 종목을 선별하는 것이 고수익의 트레이딩을 할 수 있는 첫 번째 포인트다. 이러한 종목을 선별하는 과정에서 가장 중요한 지표로 장기 이평선을 유의 깊게 살펴봐야 함을 잊지 말자.

외국인들이 섹터 전체를 사들일 때

위에서 언급한 이평선을 만들어 가는 종목들 가운데, 외국인이 선제적으로 섹터 전반의 종목을 사들이는 경우가 있다. 이런 경우 자금 규모가 크다면 해당 섹터가 시세를 내며 움직이기 시작한 초기 국면으로 파악할 수 있다. 과거 한때 나는 외국인이 사는 종목을 단기 트레이딩 관점으로 접근한 적이 있었다. 그때마다 다음 날 매도하며 참패를 많이 경험했다. 그래서 이후에는 외국인을 신뢰하지 않았다. 시간이 흐른 뒤, 그들의 흐름을 꾸준히 관찰하면서 알게 된 사실이 있다. 외국인이 ETF 때문에 어쩔 수 없이 사는 종목이 있고, 섹터의 큰 흐름을 위해 초반에 폭넓게 사들이는 종목이 있다는 것이다. 과거의 예를 살펴보면, 큰 시세를 동반하는 종목들의 초기에 외국인 매수가 강하게 유입되었음을 확인할 수 있다. 그들이 크게 사면서 시세를 끌어올리는 종목이 있다. 그 종목들이 섹터를 이루고 특정 이평선이 정배열을 만들며 거래량까지 동반해 올라간다면, 반드시 집중해 추적하며 트레이딩을 시작해야 한다. 그건 기회가 왔다는 신호이다.

2025년 상반기 레인보우로보틱스는 2025년 첫 거래일 삼성전자 지분 인수 공시와 함께 점상한가를 기록했다. 강한 섹터가 탄생하는 순간이라고 볼 수 있다. 나는 이처럼 큰 재료와 거래대금, 즉 유동성이 발생하면 유심히 지켜본다.

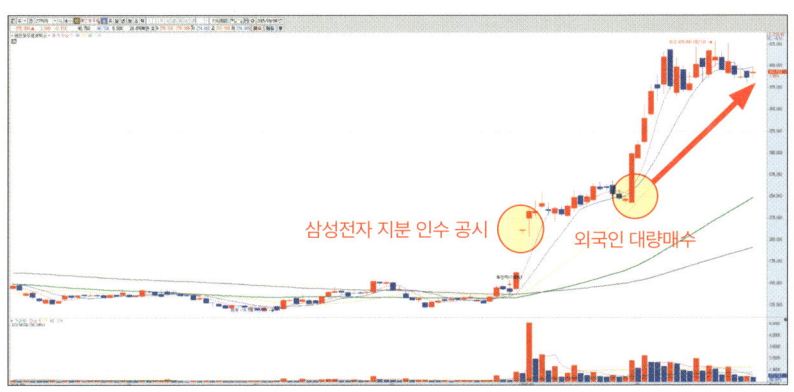

레인보우로보틱스_일봉(2025년 1~2월)

레인보우로보틱스_투자자별 매매동향(2025년 1~2월)

지속하여 이 종목을 지켜보다가 외국인의 대량 매수와 함께 장대양봉이 나오고 거래대금이 터진다면 트레이딩 구간을 고려한다. 여기서 레인보우로보틱스뿐만 아니라 로봇 섹터 전반에서 외국인 매수와 동반하여 우상향하는 시세를 확인했다면 수익을 볼 확률이 더 높아진다. 종목의 재료와 유동성(거래대금), 이평선의 위치, 외국인의 매수 방향을 확인했다면 더 이상 주저할 필요가 없다. 머뭇거리지 말고 곧바로 매매에 돌입해야 한다.

반드시 대형주의 마지막 피날레를 확인할 것

앞서 이야기한 것처럼 대형주의 경우 추세를 크게 형성한 뒤 약 6개월간 크고 작은 상승과 하락을 반복하며 우상향을 이어가는 흐름을 만든다. 이런 때에는 호재 뉴스가 끝없이 이어지는 특징이 있어 자연스럽게 상승 국면이 지속된다. 하지만 결국 많은 사람이 기대감으로 광기에 휩싸이고, 거의 모두가 매수한 이후에는 하락으로 반전하는 경우가 잦다. 최근 2년 전만 해도 2차전지의 광기 구간에서 전국적으로 많은 사람이 매수한 뒤에야 하락이 시작됐다. 그리고 끝이었다. 반등의 기미는 전혀 없고 힘없이 쭉쭉 빠지는 모습을 볼 수 있다. 2차전지 섹터의 주목보다 이전인 2021년 여름, 큰 시세를 줬던 카카오와 네이버가 어떠했는지 기억하는가? 특히, 우리나라의 경우 이런 국면의 극단에서 다수가 참여하며 가격 상단을 만드는 일이 많다. 만약 6개월 동안 상승한 뒤 마지막에 거래량을 동반한 급격한 상승이 나왔다면, 그 이후에는 손절매를 염두에 두고 트레이딩에 접근해야 한다. 물론 반등도 나오겠지만, 장기적으로 우하향할 가능성이 매우 크므로 미리 손절점을 설정하고 준비해야 한다.

앞서 SK하이닉스를 비롯한 에코프로, 에코프로비엠 등이 각 연도 주도 섹터에서 크게 상승했던 차트를 봤었다. 이들이 엄청난 상승을 마치고 어떻게 되었는지에 주목하여 다시 살펴보자.

SK하이닉스의 경우 2024년 상반기까지 시장 주도주로 90% 이상 상승했지만, 1달 만에 40%에 가까운 하락을 기록했다. 그보다 앞선 해인 2023년 상반기 시장 주도주였던 에코프로, 에코프로비엠은 많은 투자자에게 큰 수익을 주기도 했지만, 최고점을 찍고 하락하는 국면에서 많은 투자자가 손실을 봤다. 에코프로는 커다란 가격 오름의 시세를 주기 전보다 약 13배 정도 오른 1,200% 상승이라는 놀라운 기록을 세우며 황제주의 면모를 보였다. 그러나 짧은 2개월 만에

SK하이닉스_일봉(2024년)

에코프로_일봉(2023년)

60%의 하락을 기록했다. 에코프로비엠은 500% 상승 후 70%나 되는 급격한 가격 하락을 기록했다.

포스코DX의 경우 특이하게 2023년 12월 말까지 우상향하여 1,300% 상승을 이뤄냈다. 하지만 2024년 1월부터 하락하기 시작하여 그 해 쉬지 않고 하락했다. 만약 이 종목을 단기 매매나 스윙으로

에코프로비엠_일봉(2023년)

포스코DX_일봉(2023년 06월~2025년 04월)

매매했다면, 무조건 손해를 볼 수밖에 없었을 것이다. 1년간의 긴 하락 후 2025년에 들어서면서 살짝 반등하는 모습을 보여 주고는 있지만, 그렇다고 이 종목에 갑자기 매력이 생긴 건 아니다. 이런 경우 선불리 매매하기보다는 장기 이평선인 60일선과 120일선의 정배열을 확인하고 매매해도 늦지 않다.

이처럼 시가총액이 높은 대형주급의 종목인 경우 거래대금이 크게 몰려 주도주급으로 상승할 수 있다. 하지만 주가의 피날레가 나오면 어김없이 큰 하락을 안겨 줄 수도 있다는 점을 반드시 기억해야 한다. 아무리 대형주이고 주도주라 해도 하락을 결코 피해 갈 수는 없다. 그래서 한번 피날레가 나온 종목은 무조건 손절매를 염두에 두고 지켜봐야 한다. 참고로 피날레^{Finale}는 이탈리아어로 '연극의 마지막 막'을 뜻한다. 주식의 가격 시세도 연극의 마지막 하이라이트처럼 끝이 있다는 사실을 기억하자.

실적 기대감과 시장 참여자들의 동의

우리는 이것들을 보고 내러티브^{Narrative}라고 부른다. 주가의 상승을 이끌어내는 이유는 주식을 매수하는 사람들이 존재하기 때문이다. 이들이 끊임없이 주식을 매수해줘야 가격이 올라간다. 그들, 즉 매수자들의 유동성을 공급받아야 상승 국면에 이를 수 있게 된다. 이건 단순히 차트의 문제라고 보기는 어렵다. 주식을 실제로 사는 건 차트 그 자체가 아니라 사람이기 때문이다. 많은 사람이 특정 주식에 대해 공론화하고 떠들어 줘야 한다. 사람들이 해당 주식에 관한 이야기를 들었을 때, 모두가 설득될 만한 이야깃거리가 있어야 한다. 앞서 몇 번이나 언급한 것처럼 나는 근거가 있는 매매를 지향한다. 결국 사람들을 혹하게 하는 건 그럴싸한 거짓말이 아니라, 실질적인 근거와 팩트다. 해당 산업이 많은 사람의 관심을 받아야 하고, 해당 기업은 실적으로 이를 증명해 줘야 한다. 사람들은 이런 이야기를 좋아한다.

"OO가 요즘 대세래, 그래서 곧 있으면 A회사가 좋대."

위험성도 없고 안전해 보이게끔 착각하게 만드는 이런 주식들에 사람들은 몰리기 마련이다.

과거 2023년 2차전지 재료가 상승하면서 거기에 붙었던 이야기는 앞으로 전기차 시대가 도래한다는 내용이었다. 1년에 8,000만 대의 자동차가 생산되는데, 이 중 20% 이상만 전기차로 교체해도 어마어마한 수익을 낼 수 있다는 것이다. 때마침 2차전지에 들어가는 핵심 소재를 생산하는 기업들은 영업적자를 뒤로하고 점점 영업이익이 늘어 가는 상황이었다. 매 분기 좋아지는 실적에 대한 기대감이 생기면서 주가의 상승과 그에 관한 이야기는 각종 매체를 타고 퍼졌다. 텔레그램, 유튜브 그리고 입에서 입으로 전해지면서 갈수록 엄청난 상승세를 만들어냈다. 결국 시장 참여자들이 실적에 대해 동의했고, 앞으로의 기대감으로 만들어 낸 주가 상승의 흐름이었다. 실적이 기대감에 충분히 부합하는 것만으로도 나의 믿음이 틀리지 않았다는 것을 증명했고, 이는 더 큰 기대감을 불러일으켰다. 이렇게 참여자가 예측한 대로 상승세가 이어지면 기관과 외국인, 그리고 큰손 개인들의 참여도 높아진다. 수급매매를 지향하는 입장에서는 이때 제일 좋은 장세가 도래했다고 볼 수 있다.

4장 전황 대형주 추세추종 트레이딩, 개념

시장 참여자들의 동의, 즉 컨센서스^{Consensus}를 얻는 부분에 대해 어떤 누군가는 종목의 상승과 거래대금이 이를 대변한다고 주장하기도 한다. 이 말에 어느 정도 동의하지만, 그건 이미 주가에 반영되었을 확률이 있다고 생각한다. 우리는 우상향하는 종목을 최대한 낮은 가격에서, 큰 상승이 나오기 전에 매수하는 것도 충분히 고려해봐야 하겠다.

나만의 매매 기법과 종목 선정

진정으로 '나의 기법'이라 할 수 있는 기준은?

주식에 투자하는 평범한 사람들은 소위 '기법'에 관심이 많다. 어떤 기법이 큰돈을 벌어줬다는 이야기를 한 번쯤 들어보기도 한다. 도대체 기법이란 것이 진정 무엇이고 실체는 무엇을 말하는 것일까? 그리고 '나의 기법'이라 이름 붙일 수 있는 기준은 무엇일까?

실제로 주식 매매로 꾸준히 수익을 내는 사람은 본인만의 시그니처Signature 매매가 있다. 스스로 확신을 가져 베팅할 수 있는 매매를 말한다. 이런 것을 만드는 기준은 무엇인지 생각해 보자. 전황이 생각하는 기준은 두 가지다.

> 첫째, 매매하는 종목의 호가에서 내가 얼마를 살 수 있을까?
> 둘째, 매매하는 종목의 주가 변동폭은 얼마이고, 내가 버틸 수 있는 손실과의 괴리감은 얼마인가?

　우리는 실제로 본인의 기법을 개발할 때 수익을 볼 높은 '확률과 빈도'만 생각한다. 하지만 성장하는 트레이더가 되기 위해서 그것은 기본이다. 여기에 추가로 내가 고안한 매매법을 이용해 이런 종목에서 얼마까지 매수할 수 있는지, 또 그 종목의 주가 변동폭에 대비해 내가 버틸 수 있는 손실 금액과의 괴리감이 얼마나 되는지를 생각해야 한다. 트레이더로서 성장할 수 있는 베팅과 손실을 버틸 수 있는 기준이 맞물려야만 진정으로 '나의 매매 기법'이 완성될 수 있다.

　그렇다면 다른 질문도 해볼 수 있다. 시장에 존재한다고 믿는 어떤 기법은 실제로 신뢰할 만한 기법이 맞는가? 나는 기법의 존재를 믿을 수도, 안 믿을 수도 있다고 본다. '어떤 매수 타점에서 매수하여 어느 곳에서 매도한다'라고 말하는 것들은 어느 정도 오랜 시간 꾸준히 수익을 쌓아 온 사람에게는 의미가 없을 것이다. 앞서 설명한 1번 지수 구간(자산 증식의 구간)에서는 세상에 있는 모든 기법이 맞을 것이고, 3번 지수 구간(하락의 구간)에서는 모든 기법이 맞지 않을 수 있기 때문이다. 우리는 유동성이 좋고 모든 섹터가 우상향하는 시장에서 얼마나 큰 비중으로 매매에 임할지, 반대로 유동성이 없어 죽어가는 시장에서 어떻게 자산을 지켜낼지가 더욱 중요하다. 결국 주식 매매란 무엇인가? 거듭 말하지만 주식 매매는 나의 자산, 즉 시드를 계속 쌓는 일이면서 동시에 불어난 시드와 비례해 베팅을 늘리는 일을 반복하는 것이다. 베팅이 늘어남에 따라 종목을 바꿔야 하는 때가 있고, 지수의 상황과 자산시장의 유동성을 보며 유연하게 베팅을 늘리거나 줄이는 일을 반복하는 일이 주식 트레이딩이다.

종목 선정, 어떻게 해야 하는가?

기법에 대한 나의 관점은 '때로는 맞고, 때로는 틀리다'는 것이다. 그래서 우리는 결국 주식시장에서 수익을 보기 위해선 흔히 고수들이 말하는 '종목 선정'에 집중해야 한다. 좋은 종목, 즉 우리에게 수익을 주는 좋은 종목을 찾기란 어찌 보면 쉽고, 어찌 보면 힘든 일이다. 이는 지수의 추세 구간이 수익에 큰 영향을 주기 때문이다.

지수의 추세 구간이 좋은 경우(1번, 2번 구간)에는 보통 유동성(거래대금)이 좋은 종목만 봐도 대부분 수익을 주는 경우가 많다. 그러나 지수가 안 좋은 경우(3번 구간)에는 실체가 없는 섹터(테마)가 위아래로 변동성을 크게 그리며 움직인다. 이럴 때는 내가 매매할 종목에 대한 더 많은 고민이 필요하다. 그러한 고민의 결과가 나의 매매 철학으로 곧장 이어질 수 있고, 내가 앞으로 어떤 색깔을 지닌 트레이더가 될 것인지도 결정된다. 이러한 고민 없이 중구난방으로 상승률이 높은 종목만을 따라간다면 종목 선정은 늘 어렵고 힘든 과제가 될 뿐이다.

4장 전황 대형주 추세추종 트레이딩, 개념

힘들기만 하면 괜찮을지도 모르는데 그런 방식을 고집하다가는 나이만 들고 계속 가난해지기 마련이다. 이를 사전에 방지하려면 내가 매매할 지수 구간의 추세와 내 성향에 맞는 주가 속도를 가진 종목을 선택해야만 한다.

나에게 좋은 종목이란, 내가 원하는 만큼의 비중과 움직임을 소화하면서 시장의 핵심이 되는 종목이다. 이는 앞선 3장의 상대 강도를 설명하며 벤 다이어그램^{Venn diagram} 그림으로 설명한 것과 일치한다. 재료와 이슈가 얼마나 크고 지속될 수 있는지, 오늘 저녁 9시 뉴스에 나올 만한지, 세계적으로 주목받을 수 있는지 살핀다. 또 내가 고른 종목의 섹터가 우리나라 시장에서 얼마나 인기가 많은지, 현재 시장을 지탱할 만한 섹터인지, 섹터 내 거래대금이 현재 시장 대비 어느 정도 비중을 차지하는지도 본다. 이러한 모든 조건에 부합하면서 교집합의 중심에 있는 종목이 바로 내가 고르는 종목이다. 이 교집합 속에서 이평선(60일선, 120일선)이 정배열로 돌아서는 초입인지, 아니면 이미 충분히 올랐거나 과하게 오른 자리인지 차트를 보고 분석해 선정한다. 예를 들어 한화오션이라는 종목을 시세 초입에 어떻게 발견했는지 설명하겠다. 천천히 읽으며 전황이 어떤 사고를 통해 주식 종목을 선정하는지 느껴보면 좋겠다.

2024년 11월 7일, 한화오션은 4,400억 원의 거래대금과 함께 긴 장대양봉을 만들었다. 나는 이 종목을 장 마감 후 검색식으로 포착한다. 곧장 이어서 일봉상 60일선과 120일선이 정배열인지 확인했다. 거래대금이 시장과 비교해 얼마나 크고 센지 판단했다. 보통 4,000억

한화오션_일봉(2023년 5월~2025년 2월)

원 정도의 대금이면 큰 유동성으로 볼 수 있다. 상대강도는 지수 대비 강도를 뜻하는데, 당시 지수는 미국 관세 영향으로 좋지 않았으므로 본 종목은 지수 대비 매우 강하다고 판단했다. 즉 상대강도가 매우 높은 종목이었다. 그다음 한화오션이 속한 섹터를 확인해야 했다.

섹터가 형성되었는지 확인하는 일은 매우 중요하다. 한화오션 혼자 개별적으로 움직이는지, 섹터 전체가 움직이는지 판단해야만 했다. 확인해본 결과 그날 조선업 전반이 오르는 것이었다. 동일한 조선업 섹터 중 하나로 HD현대중공업을 확인했고, 이것 역시 한화오션과 비슷한 흐름을 보였다. 즉, 조선업 전반이 오른다는 의미는 섹터 순환매도 좋아 이 섹터에 지속성이 있다고 판단했다. 다음은 이슈를 판단해야 했다. 이슈에서 내가 생각하는 가장 중요한 점이 무엇이라고 했는지 기억하는가? 바로 '숫자가 찍히는 종목'이여야만 했다. 숫자로 증명하지 못하는 이슈는 실체를 파악하기 어렵기 때문이다.

한화오션(위)과 HD현대중공업(아래)_일봉(2024년 11월 7일 이후)

　종합시황뉴스에서 숫자를 찾았다. 미국 트럼프 대통령이 미국 조선업에 한국의 협력이 필요하다는 발언이 많이 보였다. 하지만 구체적 숫자가 필요했다. 그런데 마침 정확한 숫자가 찍힌 기사가 있음을 확인했다. 종목을 선정할 때 단순히 유명인의 말 한마디로 이슈로 떠오른 것보다 이슈에 숫자가 직접 찍혀 있으므로 실체가 있는 이슈로 보았다. 나는 이러한 조건들을 일일이 하나씩 모두 체크하며 종목을 선정한다. 종목을 선정하는 절차가 글로 보기에는 짧은 듯하지만, 막

종합시황뉴스(2024년 11월 7일)

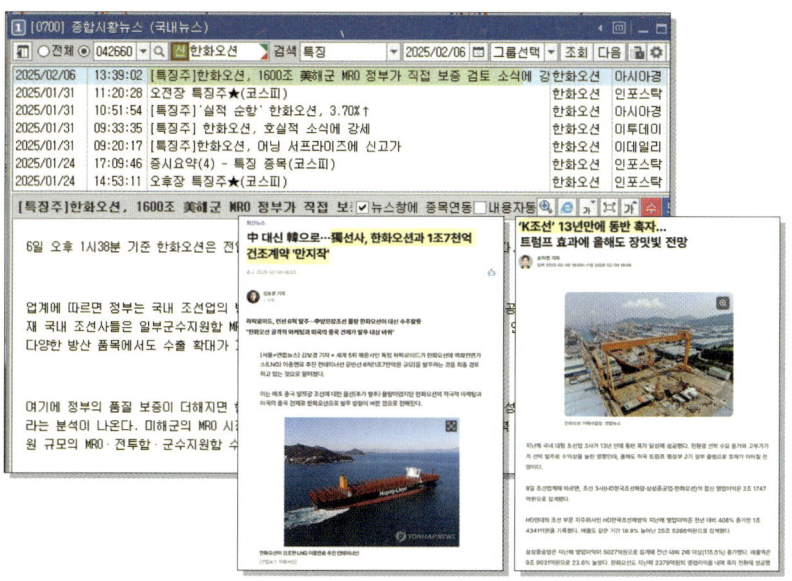

숫자로 확인되는 뉴스들

4장 전황 대형주 추세추종 트레이딩, 개념

상 자신이 처음 주도적으로 해보는 사람이라면 쉽지 않을 수 있다. 단계마다 차근차근 하나씩 살피다 보면 시간이 지날수록 익숙해질 수 있다. 특히 주식투자를 잘하고 싶은 사람이라면 이러한 검토 흐름을 잘 익히길 바란다.

이런 나의 종목 선정 조건들을 하나의 표로 정리할 수 있다.

	항목	핵심 내용	체크
1	일봉이평선	60/120이평선	☐
2	유동성	거래대금의 규모	☐
3	상대강도	지수대비 강도의 세기	☐
4	업종 쏠림	섹터 전체의 분위기	☐
5	섹터 추세	동일 섹터 종목 비교	☐
6	이슈	숫자로 확인되는 팩트	☐

관심종목 및 종목 선정 필수 체크리스트

나는 장이 끝난 후 관심종목 체크포인트를 점검한다. 이 과정을 통해 매매할 종목에 대한 계획을 수립한다. 위 체크리스트를 사용하면 쉽게 습관화할 수 있을 것으로 생각한다. 나는 평소 종목을 선정할 때 설명한 방법과 같은 생각의 흐름으로 진행한다. 이 방법을 믿고 최소 3개월만 연습해보길 권한다. 그렇게 한동안 종목을 추적하고 관찰하면 시장을 보는 관점이 성장할 것이다. 특히 이 방법이 익숙해져 실전매매에 들어가면 계좌가 놀라운 성장을 할 것이라 확신한다.

베팅은 예술, 비중 베팅이 필요한 이유

비중을 공개하지 않는 계좌인증, 빨간 거짓말

사실 주식 커뮤니티에서는 자극적인 계좌 인증사진을 흔하게 볼 수 있다. 종목별 수익률과 함께 빨간색으로 도배된 이미지를 보면 마음이 저절로 현혹될 수밖에 없다. 더 슬픈 일은 나만 빼고 다 돈을 벌고 있는 것처럼 보인다는 점이다. '내 계좌는 오늘도 파란불인데 저 사람은 오늘도 빨간불이구나'라는 생각이 들도록 만든다. 이 얼마나 슬픈 일인가? 여기엔 분명 함정이 있다. 어떤 종목으로 얼마의 수익을 냈다는 각종 인증 글이 많다. 그런데 조금만 파 보면 사실 별거 아닌 경우가 많다. 그들에게 최소 1년 이상의 계좌 수익률을 공개해 달라고 해 보자. 공개할 수 있는 사람이 얼마나 될까? 아마 극소수일 것이다. 트레이더의 계좌가 매일 빨간불일 수는 없다. 반대로 매일 파란불일 수도 없다. 본인이 보여주고 싶은 것만 보여 줄 뿐이다. 그래서 우리는 이 '빨간 거짓말'을 잘 살피고 가치판단을 함이 마땅하다. 그렇다면 왜 이런 현상이 일어나는 것일까?

주식시장에서 특정 종목을 거래할 때, 어느 가격에 매수하여 얼마의 가격에 매도했는지는 본질이 아니다. 결국 그 종목을 내 계좌의 자본금 대비 얼마나 매수했느냐가 더 중요하다. 대부분의 초보 트레이더는 확률로 모든 트레이딩을 계산하려는 습성이 있다. '내 승률이 이 정도이니, 이 높은 승률의 방식을 쓰면 계속 수익을 낼 수 있겠다'는 계산이다. 정말 안타깝지만, 아이러니하게도 그렇게 확률적으로 '완벽해 보이는' 매매일수록 트레이딩의 해답을 찾지 못할 가능성이 매우 크다.

커뮤니티에서 많은 사람이 분할매수를 강조한다. 주가가 눌린 구간에서 적은 분할로 계속 매수하고, 반등 구간에 차익을 실현하는 방식이다. 언뜻 보면 아주 완벽한 매매다. 나 역시 주식을 시작한 초반에는 이런 식의 트레이딩을 많이 했다. 하지만 정해 둔 구간을 벗어나면 손실이 걷잡을 수 없이 커진다는 치명적 단점이 있다. 나도 3개월을 쌓은 수익을 한 번에 날린 뼈아픈 경험이 있다. 수익이 손실로 곤두박질치는 건 정말 순식간이었다. 그래서 나는 이 트레이딩 방법을 그만두게 되었다. 만약을 생각하고 싶진 않지만, 그때 그 방식을 계속 채택했다면 나는 여전히 의미 없는 시간을 보내고 있었을 것이다. '확률이 수익을 가져다줄 것'이라는 생각은 헛된 믿음일 뿐이다.

주식 트레이더의 고민은 비중으로 시작해 비중으로 끝나야 한다. 조금 강하게 이야기하자면, 비중에 대해 명확히 이야기하지 않는 트레이더는 거짓된 트레이더일 가능성이 크다. 수익을 내었다고 하면서 비중 이야기를 빼놓는다면 그게 '빨간 거짓말'이다. 수익이 20% 나면 무엇하나? 베팅한 금액을 공개하지 않으면 실제로 얼마의 수익을 낸 것인지 알 수 없다. 주식 트레이딩, 즉 단타는 보통 적은 돈으로 시작해 자산을 불려 나가는 게 일반적이다. 그렇다면 우리는 '몇백만 원' 정도의 단위로 한번 가정해보자. 물론 나 같은 경우 투자에 망하고 남은 돈인 130만 원으로 시작했다. 아무튼 그 금액으로 내가 이루고자 하는 목표를 위해 부지런히 매매했다. 밑으로 기간을 정하지 않고 추가로 매수해 반등에 노리는 매매는 전업트레이더에게 어울리지 않는다. 130만 원으로 시작해 생활비를 벌려면 이 방식으로는 견딜 수가 없기 때문이다. 하물며 그 종목 자체가 세력주라면 더욱 쉽지 않다. 그렇다면 도대체 적은 시드 머니$^{Seed\ money}$로 비중을 넣기 위해서는 어떤 트레이딩을 해야 하는가?

적은 돈으로 비중을 싣기 위한 트레이딩 방법

1. 변동성이 작은 종목을 선택한다.

변동성이 작을수록 베팅할 수 있는 금액 자체를 키울 수 있다. 만

약 평균적으로 하루 10% 이상 움직이는 종목이라면, 첫 베팅부터 '이 종목은 10% 이상의 변동성을 견뎌야 한다'는 전제를 깔고 접근해야 한다. 그러면 베팅 금액에 브레이크가 걸릴 수밖에 없다. 상식적으로 변동성이 큰데 어떻게 큰 금액을 쉽게 베팅하겠는가? 베팅 금액은 자연스레 작아질 수밖에 없다. 두 경우를 생각해 보자. 수익이 날 때 베팅 금액이 적다면? 당연히 수익도 적다. 반대로 베팅 금액이 크다면? 손실도 그만큼 커진다. 따라서 비중을 크게 키울 땐 변동성이 작아야 유리하다. 변동성이 크면 뇌동 손절이 늘 수밖에 없기 때문이다.

2. 단리가 아닌 복리를 위한 베팅으로 트레이딩을 설계해야 한다.

이것도 변동성과 맞물린 이야기다. 정치 테마주와 같은 경우 뉴스 한 번에 하한가를 몇 번이나 갈 수 있다. 레버리지 Leverage를 쓰면, 열두 달을 아무리 잘해 왔어도 한 번의 베팅으로 모든 것을 잃을 수 있다. 이를 방지하려고 트레이더는 이미 벌어둔 수익을 인출하는 방법을 쓴다. 미리 현금을 빼놓으면 어쨌든 안정을 확보할 수 있고, 모든 돈을 잃는 최악의 상황은 면할 수 있기 때문이다. 하지만 수익을 모두 빼버리면 항상 베팅 금액이 일정해진다는 치명적인 단점이 있다. 비중을 늘리지 않으면 퀀텀 점프 Quantum jump할 기회를 잃을 수 있다. '기회의 시장'이 온다고 한들 제대로 비중을 싣지 못하는 상황을 맞이하는 것이다. 이 부분을 해결하기 위해 미리 고민하고 반드시 해법을 마련해 둬야 한다.

나의 경우 수익의 50% 정도만 인출한다. 계좌에 들어있는 금액이 얼마인지에 집착하지 않고, 단지 비율로만 생각한다. 수익이 100만 원일 때는 50만 원, 1,000만 원일 때는 500만 원을 곧장 인출한다. 결론적으로 수익이 커질수록 베팅도 점차 늘어나는 효과를 얻는다. 그럼 베팅 비중은 어떻게 가져가느냐가 궁금해질 것이다. 가령 내가 1,000만 원의 시드 머니로 이번 달 트레이딩을 시작한다면, 그게 100%다. 좋은 시장을 만나면 레버리지를 사용하면서 250%까지 종가베팅을 하기도 한다. 즉 2,500만 원 정도의 베팅이다. 현재는 시드가 커져 보통 3억 정도로 트레이딩한다. 시장이 좋다고 판단하면 레버리지를 최대 250%까지 사용해 7억 5,000만 원 정도의 비중으로 종가베팅을 하기도 한다. 10년 전 트레이딩을 시작할 때부터 절대 금액보다 '계좌를 비율로 계산'했다. 수익이 나면 수익으로 불어난 금액으로 베팅을 올리고, 손실이 나면 줄어든 금액대로 베팅이 자동으로 줄어들게 시스템을 구축했다.

조금 더 풀어서 쉽게 설명해보겠다. 1억 원이 시드 머니라면 이것이 100%다. 이 돈으로 1,000만 원 수익을 올렸다면, 현재 내 계좌는 1억 1,000만 원이 된다. 이 1억 1,000만 원이 다시 100%인 것이다. 시장이 좋고 종목이 좋다면, 나의 베팅 기준으로 최대 250%인 2억 7,500만 원까지 종가베팅할 수 있다는 뜻이다. 반대로 1억으로 시작해 1,000만 원 손실을 입었다면 현재 계좌는 9,000만 원이 된다. 이 돈을 100%로 인식한다. 돈을 잃었더라도 시장이 좋다면 9,000만 원을 기준으로 250%인 2억 2,500만 원이 최대 베팅 금액이 된다. 다음

표는 지금껏 설명한 수익과 손실 상황에서 기준금과 최대 베팅의 변화를 직관적으로 정리한 예시다.

시작 시드	매매 성과	새로운 기준(=100%)	최대 베팅(250% 설정 시)
1억 원	+1,000만 원	1억 1,000만 원	2억 7,500만 원
1억 원	-1,000만 원	9,000만 원	2억 2,500만 원

이렇게 베팅하는 이유는 '기회'를 잡기 위해서다. 추세가 강한 정말 좋은 시장을 만나면 베팅 시드가 함께 올라가면서, 시장의 복리 효과로 계좌가 빠르게 상승하는 것을 누릴 수 있다.

3. 자신만의 구간을 설정해 트레이딩해야 한다.

돌파와 눌림 등 모든 매매를 완벽히 잘하는 트레이더는 없다. 만약 그런 사람이 있다면 모든 시장에서 월 10억 이상 버는 슈퍼 트레이더일 것이다. 나는 아직 그런 유니콘을 본 적이 없다. 나의 경우 돌파 매매는 과감히 포기하고, '눌림에서 변동성이 줄어드는 구간'을 핵심 트레이딩 구간으로 정해 매매한다. 그 구간에 대해서는 뒤에서 더 자세히 설명하겠다. 우리가 흔히 말하는 시장의 '주도주' 움직임을 보자. 주도주는 한 단계 상승 후 횡보하며 다음 시간을 기다리거나, 일정 수준 내려온 뒤 횡보하며 다음을 기다린다. 여기서 핵심은 '주도주'라는 점이다. 주도주이기에 이 주식을 끌어올리는 시장 상황이 존재한다. 한 섹터가 통 크게 움직이면 당연히 주도주가 움직인다고 생각하면 된다. 이때 상단 박스권에서 최대한 낮은 가격에 도달했을 때 베팅한다. 내 경우 대략 70% 비중으로 베팅한다. 추가 매수는 거의 하지 않는다. 이미 상단 박스권이라는 자신 있는 구간에서의 최저점에서 베팅했기 때문이다. 만약 내가 생각한 가격이 깨지면 내 접근이 잘못됐음을 빠르게 인정한다. 그럴 때는 손실을 받아들이고 다음 기회를 포착한다.

반대의 경우도 마찬가지다. 시장을 주도하는 주도주가 단기 상승을 마치고 꽤 깊게 눌릴 때가 있다. 이 경우는 120일 이평선까지 오는 구간이다. 이 부분 역시 뒤에서 자세히 서술하겠다. 중요한 점은 여기서도 하락 후 형성되는 횡보 박스권의 하단에서 나는 최소 50% 이상 비중을 넣는 경우가 많다는 것이다. 최대한 박스권 하단에서 매수하려 하고, 매수 후 일정 가격 이상 하락하면 손실을 인정해 손절매한다. 확률이 70% 이상만 나와도 비중이 큰 매매이기 때문에 꾸준히 수익을 쌓을 수 있다.

트레이더는 비중을 싣지 않고 베팅해 계좌가 우상향하기란 쉽지 않다. 단기 트레이딩은 '세밀하게 접근해 비중을 넣고 위험을 낮게 가져가되, 레버리지 효과를 극대화한다'는 전략이다. 그렇게 하지 못하겠다면 차라리 ETF 등 '시장 자체'를 매수하는 편이 나을 수 있다. 결국 적은 금액으로 트레이딩에 성공하려면 레버리지를 어떻게 활용할지에 대한 '명확한 자기 관점'이 필요하다.

손익비를
어떻게 맞출 것인가?

주식을 시작하게 되는 계기는 정말 다양하다. 하지만 주식을 모르는 사람도 홀리는 마법의 주문이 있으니, "OO이가 주식으로 얼마 벌었다더라"는 소식이다. 귀가 쫑긋하다. 근로소득으로는 이룰 수 없는 부를 몇 번의 클릭으로 벌었다는 얘기를 들으면 얼마나 솔깃한가? 물론 막상 주식시장에 발을 들이면 그 클릭 한 번이 인생 통째를 걸어야 하는 도박 같은 무게임을 깨닫게 된다. 하여튼 보통 사람이 주식을 처음 만나는 계기는 대개 타인의 수익을 보며 환상을 갖는 데서 출발한다. 본인 역시 처음 주식에 입문할 때 얼마의 돈으로 얼마의 수익을 낼 수 있을까에 대해서만 관심을 가졌다. 그저 올라갈 길만 바라보며 잘 나가는 이들의 발자취를 따라가는 것을 목표로 삼았다.

당연한 말이겠지만 흉내만 내는 건 큰 성과를 거두지 못한다. 처음에는 트레이딩을 통해 수익을 얻는 것 같고, 파란색보다는 빨간색이 자주 보인다는 것을 느낀다. 하지만 막상 내 계좌는 고무적인 성장을 거두지 못한 경우가 많다. 어설프게 전업이라도 하면 어떻게 될까? 수익은 나는 것 같지만 결론은 깡통이다. 많은 전업투자자가 놓치는 것 중 하나가 생활비다. 예를 들어 1,000만 원으로 매달 10% 수익을 낸다고 치자. 한 달 생활비가 최소 100만 원이라는 전제가 있다. 그럼 이 사람은 한 달에 얼마를 벌어야 성장할 수 있을까? 100만 원을 벌어서는 제자리걸음이다. 버는 족족 그대로 생활비로 써버리면 1년 내내 1,000만 원의 자금만 가지고 매매해야 한다. 그러다가 손해라도 보면 어떻게 될까? 남아있는 적은 돈으로 더 높은 수익률을 내야 한다. 생활비가 100만 원이라는 사실은 바뀌지 않으니까. 1억의 0.1% 수익을 내느냐, 1,000만 원으로 10%의 수익을 내느냐, 이 문제를 생각해 보면 왜 어설픈 전업투자자가 깡통을 차게 된다고 하는지 이해할 수 있을 것이다. 이제 그럼 손익비에 관해 더 살펴보자. 대개 손익비를 생각하지 못했을 때 좋지 않은 케이스는 크게 두 가지다.

첫째, 매일매일 실현손익을 빨간색으로 만드는 것에 집중하다 보니 한 달 20일 거래일 중 18일 수익을 내고, 이틀 동안 수익의 80% 혹은 그 이상을 손해 보는 경우다. 실현손익만 빨간색으로 만드는 것은 손절매가 아까워지는 심리를 만들고, 매매를 나태하게 만든다. 차라리 여기서 멈추면 괜찮다. 하지만 18일 동안 참아 왔던 내면의 심리가 무너지면서 큰 손해에 대해 자포자기한 심정으로 오히려 강한 베팅에 나서는 경우다. 손해는 걷잡을 수 없이 커지고, 계좌는 빠르게 곤두박질치며 망하게 된다.

둘째, 큰 리스크를 짊어지려는 경우다. 이러한 케이스로는 대개 상한가 따라잡기와 같은 매매 방식을 들 수 있다. 상한가 따라잡기(일명 상따)는 매우 훌륭한 기법이고 수익이 크게 난다. 하지만 반대의 시장을 만난다면 의도하지 않았지만 아주 오랜 시간 계좌 마이너스를 경험할 수 있다. 우리가 상한가에 들어가서 수익을 내는 경우도 있지만, 막상 당일 상한가를 들어가 놓고 곧바로 밑으로 내려오는 케이스도 많다. 이런 경우 짧게 손절매하면 계속된 잔손절로 마이너스가 누적되기도 한다. 그나마 손절매를 잘하면 낫다. 이마저도 손절을 못 해 큰 손절 한 방에 수익을 다 토해내는 경우가 많다. 결국 이러한 매매 케이스도 짧게 수익을 모아 가다가 마지막에 심리가 무너지는 상황이라고 할 수 있다. 하이 리스크-하이 리턴$^{High-risk\ High-return}$을 유도하는 매매는 심리 싸움에서 가장 나약하다. 무너지기가 십상이다.

앞서 설명한 두 가지 케이스는 모두 깊이 생각해 볼 문제다. 단기 트레이딩을 하면 누구나 맞이할 수 있는 상황이다. 우리는 대개 수익을 내면 모든 게 해결되리라는 착각에 빠진다. 혹은 여러 문제가 매우 단시간에 해결되리라는 희망을 품고 있다. 긴 시간 동안 돈을 비롯한 여러 가지를 잃었지만, 결국 '한 방'에 해결해 주리라는 헛된 믿음 말이다. 트레이딩의 세계는 생각보다 많은 근거를 가지고 있어야 한다.

중요한 건 그 근거들을 다루는 '심리'다. 자신의 심리를 정확하게 파악하고 흔들림 없이 냉정을 유지해야만 비로소 근거에 기반한 매매의 안전장치가 잘 작동될 수 있다. 많은 트레이더들이 심법을 강조하고 또 강조하는 이유다. 큰 성공을 이룬 유튜버들을 보면 내적으로 강한 마음을 가진 사람들이 많다.

    매매할 때는 인내하면서 꾸역꾸역 잘 참는다. 그런데 단 한두 번의 무너짐을 경험하면 오히려 앞선 인내가 독이 된다. 참았던 인내에 대한 허무감이 나를 다시 공격해오기 때문이다. 이때 자포자기하는 마음으로 자신이 해 왔던 방법과 다른 방법으로 매매를 시도한다. 이보다 강한 마음을 가진 사람이라면 한두 번의 무너짐에도 흔들리지 않고 자신의 방법을 고수한다. 그저 꾸역꾸역 끝까지 인내해버린다. 그렇게 살아남은 극소수의 사람만이 꾸역꾸역 전진해서 부의 자리에 오른다. 사실 나는 꽤 이른 시간에 '인내'의 필요성을 절감했다. 대학교 재학 시절부터 뛰어든 트레이딩의 세계에서 헛된 희망과 조급함으로 피땀 흘려 모아 둔 투자금을 고스란히 시장에 반납하며 깨달은 사실이었다. 초기 4년간 트레이딩을 하면서 꾸준히 손실을 보았다. 그러다가 손익비에 대한 생각을 본격적으로 하게 됐고, 그때부터 나의 실력과 계좌는 우상향이 시작됐다. 그리고 나는 여전히 이곳에 살아남아 있다.

    전쟁과 같은 시장에서 살아남았다는 건 손익비를 맞출 수 있었다는 뜻이다. 그럼 손익비에 대해 어떻게 생각하게 되었을까. 10년 전의 나는 항상 마이너스 계좌를 안고 살았다. 그러다가 우연히 '수급단타왕'을 만나게 되었다. 그때 '손익비'의 개념을 이해했고, 그에 맞는 트레이딩을 했다. 그 당시만 해도 트레이딩은 상따가 큰 유행이었다. 나를 포함한 많은 이들이 대부분 거래량과 상승률 상위만 보면서 오직 상따만 노렸다. 물론 근거도 없었고, 그만큼 변동성도 큰 종목들이었다. 그래서 수익도 크게 낼 수 있었다. 하지만 반대로 잃을 때는 나락으로 떨어졌다. 당연히 계좌의 우상향은커녕 유지조차 힘들었다. 크게 잃는다는 건 쪼그라든 계좌로 베팅해야 한다는 의미다. 한계에 부딪혔다. 비중이 줄어드니 수익에도 한계가 발생했다.

당시 수급단타왕은 굉장히 신선한 매매 방식을 채택하고 있었다. 변동성이 큰 종목이 아닌, 메인 수급 주체인 기관과 외국인의 매수 방향성을 보고 트레이딩하고 있었던 것이다. 상대적으로 변동성이 작은 종목에 비중을 넣었다. 적은 수익률이지만 손절도 짧게 가져갈 수 있었다. 확률만 높인다면 계좌가 꾸준히 우상향할 수 있다는 가능성을 보게 되었다. 굉장히 획기적인 접근이었다. 이 접근 방식을 활용해 내가 잘할 수 있는 종목을 중심으로 트레이딩하기 시작했다. 기관과 외국인이 움직이는 종목 중에서도 특히 중대형 사이즈의 종목에 집중했다. 테마주의 경우 큰 수익도 볼 수 있었지만 변동성이 크므로 매달 돈을 벌어야 하는 나의 상황으로는 적합하지 않았다. 손실로 마감한 달은 생활비까지 두 배로 타격을 받았기 때문이다. 그래서 중대형주 종목에서 2~5%의 수익을 내되, 확실히 비중을 넣으면서 수익을 쌓아가는 방향으로 목표를 잡고 다시 트레이딩하게 됐다.

여기서 핵심은 바로 '변동성'이다. 변동성의 대표적인 경우가 테마주다. 테마주는 오를 때도 가파르게 오르지만, 떨어질 때는 더욱 가속도가 붙는다. 예를 들어 한 번 하락에 최소 10~20% 정도 빠진다고 가정하자. 계좌에 1,000만 원이 있다고 할 때 어떻게 베팅할 것인가? 아마 내 경우에는 10% 하락 이후, 그 이상으로 하락 폭을 보이며 내려올 때는 2% 더 떨어질 때마다 분할로 매수할 것이다. 그럼 한 번 살 때 200만 원씩 매수하는 전략이 된다. 20% 하락은 최악의 경우를 가정하는 것이기 때문에 보통 우리 계좌는 1번 또는 2번 정도 매수가 될 것이고, 주가가 반등하면 수익을 누적시켜 나갈 것이다. 대략 200만 원 또는 400만 원이 계좌에 매수되고 5% 정도 수익을 냈을 경우 10만 원 혹은 20만 원 정도의 수익을 낼 수 있다. 이런 경우를 매매 성공을 계속 누적시키면 한 달 20일 중 18일 정도는 수익을 낼 수 있다.

하지만 분명 한 달 혹은 길면 두 달에 한 번 정도는 내 예상보다 더 큰 변동성을 가진 주식을 만날 것이다. 만약 갑자기 30% 하락하게 되는 주식을 만난다면 어떤 일이 일어날까? 앞서 1,000만 원의 시드가 있다고 가정했다. 아무리 이미 하락한 가격에 진입했더라도 그 가격에서 추가로 더 하락한다고 하면 얼추 150만 원 이상 손실을 기록하게 될지도 모른다. 10만 원, 20만 원 정도의 수익을 꾸준하게 누적시키다가도 저런 종목을 만나면 도로아미타불과 마찬가지다. 수익금이 사라지면서 남는 건 허무함뿐이다. 앞서 언급했듯, 차라리 150만 원 손실만 입으면 다행이다. 멘탈이 산산이 무너지고 난 다음, 무지성 매매를 반복하다가 결국 더 큰 손실을 맞게 되는 최악의 경우도 충분히 예상 가능하다.

이러한 이유로 내 경우에는 차라리 변동성이 큰 종목을 지양하고, 꾸준하게 수익을 낼 수 있는 종목이 낫겠다는 판단이 섰다. 꾸준히 하루 3% 정도 오르거나 내릴 수 있는 종목에서 트레이딩하는 방법을 고민하게 된 것이다. 대형주는 변동성이 적은 편이므로 한 번에 1,000만 원 정도를 베팅해 벌 때 30만 원, 잃을 때도 똑같이 30만 원을 잃으면서 확률을 높인다면 수익을 누적시킬 수 있겠다는 생각에 도달했다.

사람들은 주식을 처음 공부할 때 '확률'에 대해 많은 연구를 한다. 확률이 높으면 확신이 생긴다. 그러나 문제는 확률이 때로는 함정이 될 수도 있다는 것이다. 확률은 언제든지 깨질 수 있다. 확률이 낮다고 해서 성공을 배제할 수 없고, 확률이 높다고 해서 성공을 보장받을 수는 없다. 시대는 변하고 시장의 변동성은 갈수록 커지고 있다. 확률에 의존하는 건 언제든지 깨질 수 있는 불확실한 방법이다. 2024년 한 해만 해도 삼성전자의 주가가 바닥을 치고, 8월에는 지수가 급락했고, 11월에는 바이오 대장주가 하락했다. 코스닥은 연일 곤두박질 쳤다. 예측이 가능하지 않은 처음 보는 장세가 단 1년 동안에 일어났다. 이건 확률적으로 보면 몇 %나 되는 악재의 중첩일까? 사실 아무리 어느 정도의 변동성을 예측하고 베팅한다 치더라도 예측치를 벗어나는 순간 계좌의 충격은 너무나도 크다.

나는 변동성을 이용해 아래로 커지는 베팅을 통해 꾸준히 수익을 누적시켜 나가는 트레이더의 계좌를 본 적이 없다. 변동성이 크다는 건 트레이더에게 굉장히 불리한 상황임이 확실하다. 큰 수익을 냈다고 할지라도, 결국 한 번 크게 얻어맞는 때가 도래한다. 주식을 시작한 지 10년이 넘는다. 내가 그런 트레이더의 계좌를 보지 못했다는 건, 결국 해당 방법의 트레이딩은 오래 살아남기에 적합하지 않았다는 뜻이다. 특별한 이벤트가 터졌을 때 조용히 시장에서 퇴출당했을 가능성이 매우 농후하다.

여러 매체를 보면 주식으로 성공한 사람 중 상한가 따라잡기로 큰 수익을 낸 경우가 많다. 그런 건 어떻게 받아들여야 할까? 사실 상따 매매의 경우 손익비로는 완벽한 베팅이라고 생각한다. 어느 타점에 나의 대부분 비중을 다 넣고, 위로 수익을 얼마나 볼 것인가? 또는 아래로 얼마나 손해를 볼 것인가를 정해놓지 않았나 싶다. 다음 날 큰 갭이 뜬 대박난 케이스를 생각해 본다면, 당연히 수익은 큰데 손실은 정해져 있는 매매다. 결국 상따는 얼마나 절제력을 갖고 하느냐의 문제로 바뀐다. 상따 매매를 정말 잘한다고 가정한다면, 그것 자체로 정말 좋은 손익비를 맞추는 매매가 될 수 있다. 다만, 테마주를 눌림으로만 매매한다면 손익비에 대해 많은 고민과 준비가 필요하다고 본다.

수급주의 경우에는 변동성이 작은 만큼 한 번의 베팅으로 수익과 손절매의 비율을 동일하게 가져가면서 수익을 높일 기회가 충분히 있다. 어느 것이 정답이라고는 할 수 없다. 다만, 나 같은 경우 변동성이 작은 종목을 위주로 꾸준한 수익을 낼 방법을 선택했을 뿐이다.

5장

전황 대형주 추세추종 트레이딩, 실전

TREND FOLLOWING WITH LARGE-CAPS

전황 트레이딩 플로우의
모든 것

앞 장에서 충분히 전황의 추세추종 트레이딩에 관한 기본적 개념과 기저의 생각들을 학습했다. 이제는 실전에서 전황이 어떤 사고와 절차를 거쳐 매매에 임하는지 배워볼 차례다. 나는 나의 트레이딩 방식을 흡수하고픈 독자가 최대한 따라 하기 쉽도록 안내하고자 한다. 솔직하게 말해서 이곳에서 전하는 전황의 매매를 그대로 적용할 수 있다고 할지라도 모두가 성공적인 트레이딩을 할 수 있다고 생각지 않는다. 어떤 과정은 시간을 겹겹이 쌓아야만 능숙하게 수행할 수 있는 일이 있고, 또 다른 무언가는 누구나 쉽게 따라 할 수도 있을 것이다. 세상에 모든 걸 한 번에 쉽게 할 수 있다고 말하는 사람이 있다면, 높은 확률로 사기꾼일 가능성이 크다. 나는 최대한 근성을 갖고 주식을 공부하자는 사람에게 도움을 주고 싶다. 요행을 바라지 않고 자신만의 길을 걷고자 하는 투자자라면 가능한 편견 없이 전황의 모든 것을 흡수하면 좋겠다. 결코 나의 길만 옳다고 주장하지 않는다. 내가 겪은 시행착오와 오랜 시간 고통 속에서 얻어낸 사고의 결과물을 전할 뿐이다. 스스로 주식투자에 특별한 재능이 없다고 생각하지만, 노력을 멈추지 않은 결과 시장에서 여전히 살아남아 트레이딩을 이어가고 있다. 누군가는 나의 방식에 영감을 얻어 더 큰 트레이더가 될 것임이 분명하다. 나의 매매 노하우를 잘 흡수해 자신만의 것으로 소화해내는 사람이 진정한 승리자가 될 것이다.

　실제로 나의 매매 과정을 하나씩 살펴보면, 당일에 갑자기 등장한 강한 섹터나 종목은 미리 공부(준비)가 되어 있지 않다면 매매하지 않는다. 그 종목이 상한가를 가는 등 좋은 모습을 보이더라도 매매하지 않는 편이 장기적으로 나의 심리와 발전에 도움이 된다. 장중에는 도파민을 최대한 절제하며 매매하는 것이 전황의 매매 철학 핵심이다. 초보 시절 나 또한 그런 매매를 했지만, 돈을 벌 때는 이를 인식하지 못한다. 매매에서 실수하거나 예상보다 큰 손해를 보게 되면 스스로 도박쟁이가 되어 영혼을 병들게 할 뿐 아무런 도움이 되지 못했다. 그래서 나는 매매를 위해 장 전에 할 일과, 장 시작 후 당일 실행할 일을 철저하게 구분해 실행한다.

장 시작 전 준비과정(4단계)

이 단계에서는 현재 시장에서 강한 섹터와 추세, 그리고 종목선정이 핵심이다. 당일 강한 섹터나 종목이 나와도 곧바로 거래하지 않는다. 장이 끝난 뒤 검색식으로 선정된 종목이 나의 조건에 부합하는지 하나씩 검토하고 연구한다. 이것이 내가 생각하는 주식 공부다. 준비되지 않은 상태에서의 당일매매는 뇌동매매이며 도박쟁이가 되는 과정이다. 그런 상태가 되지 않기 위해 나는 늘 이런 루틴을 실행한다. 그러면 이제 본격적으로 전황의 매매 루틴에 관해 설명해보겠다. 이를 알아보기 쉽게 도식화하면 다음과 같다. 전체적인 과정을 살펴보고, 하나씩 자세하게 풀어나가 보자.

장 시작 전 준비 과정

| 조건검색식 활용 | 재료 확인 (뉴스 및 숫자) | 차트의 위치 확인 (60/120선) | 타인의 관점 비교 (블로그 및 텔레그램 등) |

↓

당일 지수 상황
(외인의 포지션 및 미국 시장 상황)

베팅금액 설정 및 실행

↓

당일 실행 과정

전황의 매매 과정_도식

1단계 - 조건검색 활용

가장 먼저 조건검색을 활용한다. 조건검색은 보기 편한 키움 HTS를 사용한다. 조건검색식의 조건은 다음과 같이 당일 거래대금 35등 안, 주가 상승률 100등 안, 시가총액 3조 이상이다. 시장에서 강하면서도 가볍지 않은 종목들로 검색된다. 시장 전체에서 거래대금 35위 안이라면 웬만한 시장 투자자들의 관심권에 있기에 유동성이나 상대강도가 높은 종목이라는 뜻이다. 또한 시가총액도 3조 이상이므로 아주 가벼운 종목이 아니기에 주가의 변동성이 그리 크지 않다(물론 장세가 극단적이라면 변동성이 클 수 있다).

가끔 다양한 채널을 살펴보면 검색식을 만들어서 얼마를 벌었다고 말하는 사람이 있다. 인터넷 카페 등의 모임에서도 돈을 받고 검색식을 속임수로 파는 사기꾼들이 있다. 이 책을 다 읽어보면 알겠지만, 세상에 마법 같은 검색식은 없다. 가끔 어떤 검색식이 잘 맞을 때

키움증권_조건검색 0150창

도 있다. 그건 시장이 좋아서 누구에게나 쉽게 수익을 주는 장세를 만나 운이 좋은 것일 뿐, 그 운은 결코 오래 지속될 수 없다. 이 정도로 간단한 조건검색으로도 내가 원하는 종목군을 빠뜨리지 않고 찾을 수 있다.

2단계 - 재료 확인

두 번째는 재료 확인이다. 재료는 검색된 종목에서 그날 어떤 뉴스가 나왔는지 본다. 특히 추상적인 뉴스가 아니라 실제로 숫자가 찍혀 있는지 본다. 예를 들어, 구체적인 일정이 나왔는지, 어느 정도 실적 또는 계약과 관련된 숫자가 구체적으로 적혀있는 뉴스인지를 확인한다. 재료 확인은 간단하다.

2025년 2월 6일 한화오션의 뉴스를 보자. '특징주'를 달고 숫자가 실제로 찍혀있는 구체적인 뉴스다. 이 당시 상황은 미국의 관세 협상 문제로 시장은 약했으나, 그것을 피해 갈 수 있는 섹터의 이슈여서 평범한 장보다 더 파괴력이 있는 뉴스가 되었다. 이런 뉴스를 꾸준히 정리하다 보면 종목에 관해 자연스러운 학습이 된다. 어느 날 한화오션 종목이 특별한 뉴스 없이도 신고가를 돌파해 좋은 모습을 보인다면, 당일 뉴스가 없더라도 평소 공부가 되어 있는 종목이라 매매가 가능하다. 반대로 평소에 공부가 되어 있지 않은 종목이라면 매매에 임하기 어렵다.

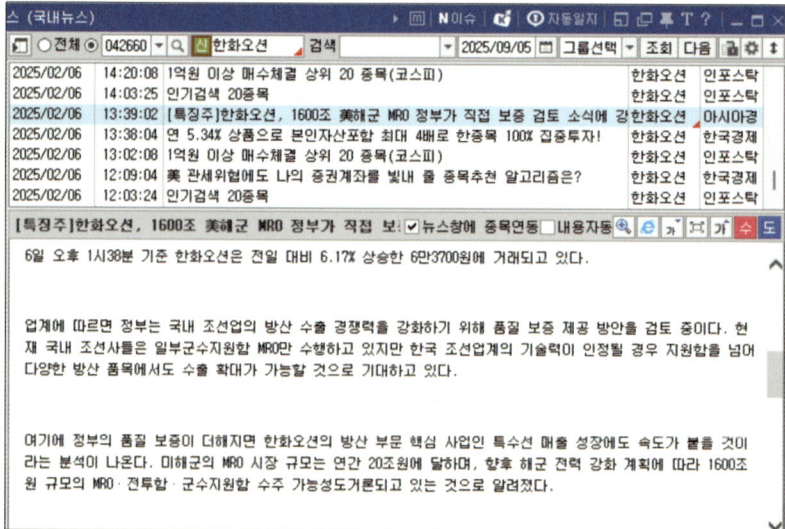

한화오션_종합시황뉴스(2025년 2월 6일)

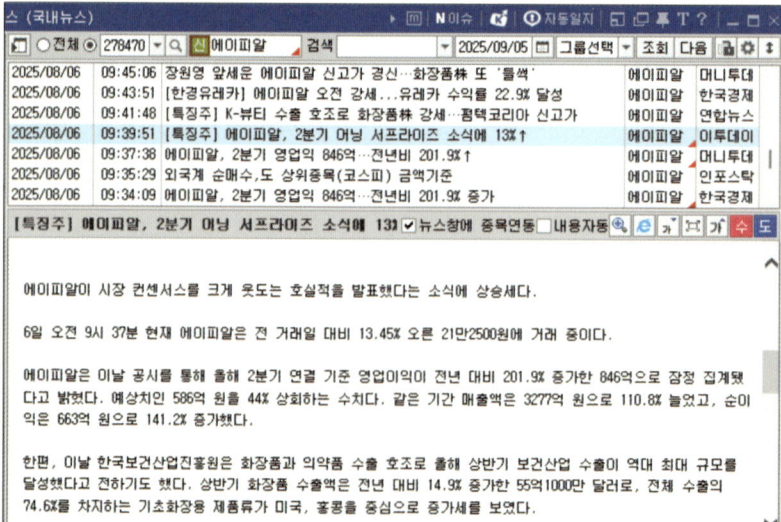

에이피알_종합시황뉴스(2025년 8월 6일)

다른 예도 한번 살펴보자. 2025년 8월 6일 에이피알의 실적이 나왔다. 최근 K-화장품이 해외에서 인기가 아주 높아 상대강도가 좋은 섹터이다. 실적 뉴스는 확실한 숫자가 동반된 뉴스로, 이날 이후 2~3일간 주가는 상승했다. 다만 이 구간은 지수가 상승 후 차익 실현 구간이어서 주가 변동성이 커 비중을 크게 가져가진 못했다. 하지만 지수 상승 구간에서 이 정도의 뉴스는 아주 좋은 뉴스라고 본다.

3단계 - 차트의 위치 확인

앞서 설명한 60/120 이평선의 위치다. 60일선과 120일선이 정배열일 때 주가는 점진적으로 우상향한다. 반대로 60/120 이평선을 이탈하면 하향 추세로 접어든다. 이제 몇 가지 종목 예로 살펴보자. 상승 추세일 때는 노란색 박스로 표현했고, 하락 추세는 하늘색 박스로 표현했다.

SK하이닉스의 2024년 일봉 차트부터 살펴보자. 1월부터 60일선과 120일선이 정배열을 만들면서 추세의 초입 부근에 들어섰다. 그렇게 6개월간 대형주 추세 추종매매가 완성됐다. 반면 일봉이 60일선을 이탈하면서 하향 추세로 접어들었다. 한미반도체 또한 2024년 상반기에는 SK하이닉스의 추세에 따라 60일선과 120일선이 정배열인 상태에서 우상향했으며, 하반기에는 하방 추세로 진입했다. 두 구간에 색을 입혀 보니 어떻게 보이는가? 앞서 설명한 대형주의 추세가 대체

SK하이닉스_일봉(2024년 추세)

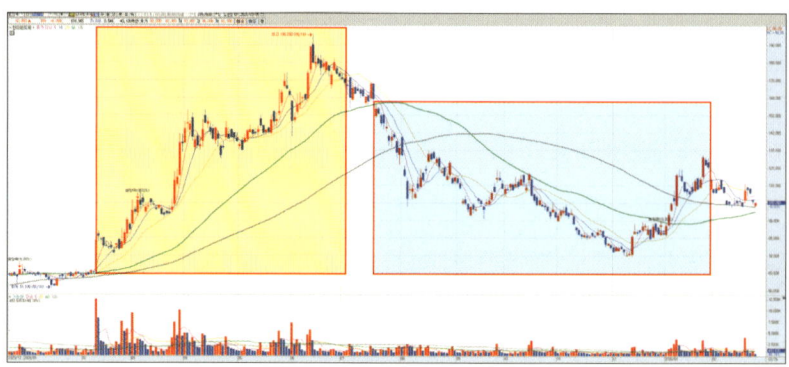

한미반도체_일봉(2024년 추세)

로 6개월 정도 간다는 말을 쉽게 이해할 수 있을 것이다. 6개월이든 7개월이든 정확한 개월 수가 중요한 게 아니라, 대형주의 추세가 한 번 만들어지면 연속성을 보인다는 데 방점이 있다. 이러한 개념을 먼저 머리에 넣고 다음 예를 살펴보자.

2024년에 빼놓을 수 없는 주식은 알테오젠이다. 상반기 미국 대형 제약회사와 계약 내용이 공개되면서 엄청난 상승을 보였다. 차트를

알테오젠_일봉(2024년 추세)

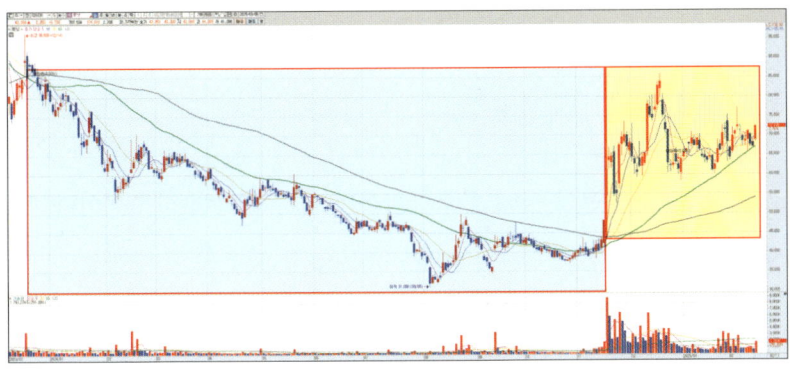

루닛_일봉(2024년 추세)

보자. 60일선과 120일선이 정배열을 이루고 거의 1년 가까이 우상향 했다. 또한, 60일선과 120일선의 정배열 구간에서 거래대금 또한 큰 폭으로 상승한 것을 볼 수 있다.

루닛은 알테오젠과 반대로 거의 1년간 60일선과 120일선이 역배열을 이루며 하향 추세를 보였다. 그러다가 연말이 되어서야 상승 추세로 전환을 한 모습이다. 그럼 이 차트를 보면서 한 가지 생각해보

자. 하늘색 하락 추세 박스권에서 매매하면 어떤 결과가 나올까? 아무리 매매를 잘하는 사람이라고 해도 수익을 내기 어렵겠다는 생각이 직관적으로 들지 않은가? 물론 누군가는 더 짧은 호흡으로 저 구간에서도 수익을 내는 사람이 있다. 그러나 나의 기준에서 종목을 선정할 때 이와 같은 하늘색 구간은 손실을 볼 확률이 매우 크다고 판단하고 있다. 어떤 복잡한 마법 같은 기법이나 공식보다 이처럼 간단한 것을 먼저 이해해야 시장에서 수익을 낼 가능성이 크다. 어떤 종목을 분석할 때 추세 파악은 간단하지만, 결코 가벼이 하면 안 되는 것이다. 이제 마지막으로 전력 섹터의 두 가지 종목을 더 살펴보자.

HD현대일렉트릭의 차트이다. 전력은 세계적으로 중요한 이슈가 되었다는 사실은 이 글을 읽는 독자라면 모두 알고 있다. 이에 맞춰 60일선과 120일선의 정배열 구간에서의 힘은 상당히 고무적이다. 정배열 구간에서 어느 자리에서 매수하건 높은 확률로 수익을 볼 가능성이 크다는 것을 차트의 추세 파악을 통해 알 수 있다.

에코프로비엠의 차트를 보자. 2025년 5월까지 계속 하향 추세를 그렸다. 한번 하향 추세에 진입하면 주가는 오랜 시간 동안 올라오지 못하는 경우가 많다. 만약 이런 구간에서 큰돈을 물리면 답이 없다. 이럴 때 손해를 보고 있다면 냉철하게 판단해야 한다. 이를 방지하는 방법은 애초에 60일선과 120일선이 역배열인 주식은 아무리 좋은 이슈가 있어도 매매하지 않는 것이 현명하다.

시중에 나와 있는 차트 매매는 다양하게 연구되고, 기법 또한 많다. 하지만 전황이 바라보는 차트는 아주 단순한 논리다. 60일선과

HD현대일렉트릭_일봉(2024년 추세)

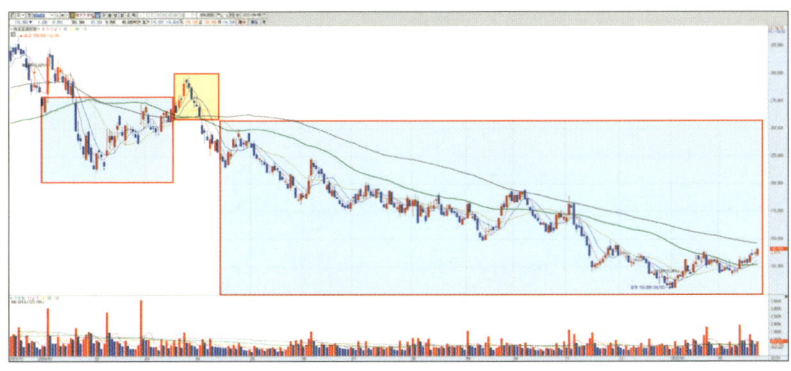

에코프로비엠_일봉(2024년 추세)

120일선이 정배열되는 시점과 추세, 이것 말고 무엇이 더 필요하겠는가? 우리는 주식 차트 공부를 열심히 해 박사학위를 받으려는 것이 아니다. 단순히 돈을 벌 수 있는 기회가 많은 곳만 찾으면 되는 것이다. 차트 공부는 여기까지만 해도 충분하다는 생각이다.

4단계 – 타인의 관점 비교

이것은 내가 좋아 보이는 섹터와 종목이 나만 좋아 보이는 것인지 점검하는 단계다. 실제 매매를 준비하는 과정에서 타인과 비교하고 분석할 필요가 있다. 주식은 나만 좋아 보인다고 오르지 않는다. 남들도 좋아 보여야 한다. 이런 객관화의 방법은 여러 가지다. 나의 경우 좋아 보이는 종목을 주변인들에게 그 이유를 조목조목 설명한다. 설득당하지 않는 성향의 지인이라면 더 좋다. 그 사람을 설득할 수 있다면 내가 분석한 방향이 옳다는 뜻에 더 가깝다. 하지만 그런 지인을 만나기란 쉽지 않으므로 앞에서 소개한 블로그나 텔레그램을 찾아보며 나의 관점을 비교, 공유해보면 좋다.

여기까지 전황이 실제로 장이 시작되기 전 준비하는 과정을 소개했다. 나름 독자가 이해하기 쉽도록 단계별로 구조화해보려 노력했다. 요약하자면, 조건검색식 활용, 재료 확인, 차트의 위치 확인, 타인과의 관점 비교의 과정을 거친다고 할 수 있다. 보통 이정도면 장 시작 전 준비가 끝났다고 볼 수 있다. 그렇다면 이제 실제 장에 돌입하면 어떤 실행 과정을 거치는지 알아보도록 하자.

장 시작 후 실행 과정

첫째, 당일 지수 상황 파악을 한다. 당일 지수 파악은 외국인의 포지션과 미국 선물의 방향성이다. 외국인이 코스닥 선물을 매수하고 있는지, 반대로 매도하고 있는지 방향을 판단한다. 보통 외국인이 큰 금액으로 매수하거나 매도한다면, 대체로 그 방향으로 가는 경향성이 있다. 따라서 이 경향성이 매수의 방향일 때 매매하기를 권한다. 키움 HTS의 0783 투자자별 매매동향 창에서 당일추이 탭을 선택해 확인한다.

당일 투자자별 매매동향은 개인, 외국인, 기관과 지수를 연동해 보여 준다. 물론 기관 내에서도 금융투자, 보험, 투신, 기타금융, 은행, 연기금 등으로 구분해 볼 수 있지만, 여기서는 단순히 시장 분위기 파악에 그친다. 투자자별 순매수는 1분 단위로 표시되므로 지금 매매하는 것이 맞는지, 아니면 좀 더 기다려야 하는지 판단하는 중요한 지표

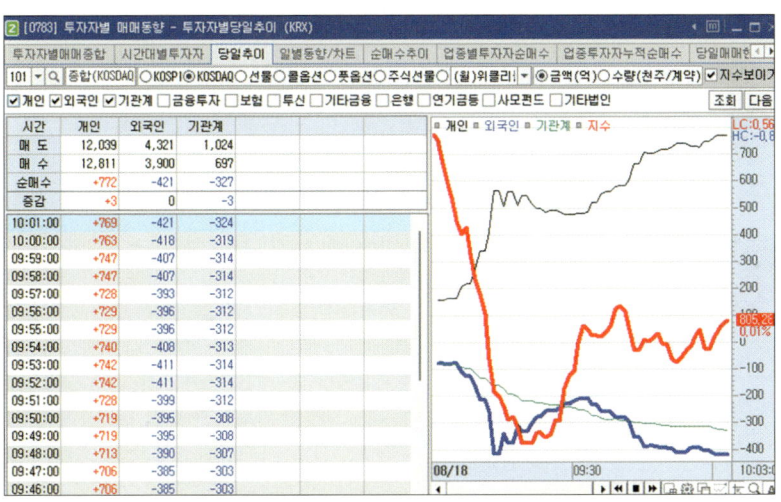

투자자별 매매동향_키움증권 HTS 0783 화면, KOSDAQ

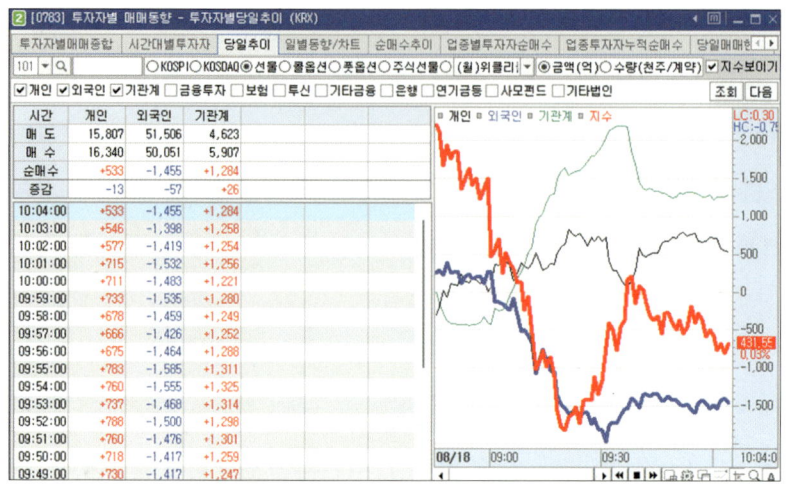

투자자별 매매동향_키움증권 HTS 0783 화면, 선물

가 된다. 우리나라 시장의 특징은 한결같다. 대체로 개인은 매도, 외국인은 매수를 해야 지수가 오른다. 반대로 지수가 내려가는 상황에서는 개인이 매수하고 외국인이 대량 매도 포지션을 취한다. 지수 방어를 위해 기관이 사주는 경향도 있다. '지수를 이기는 종목은 없다'라는 말을 자주 들어봤을 것이다. 나도 이 말이 진리라고 생각한다. 지수의 수급을 보고 베팅할지, 멈춰야 하는지 결정하는 것 또한 나의 소중한 돈을 지키는 중요한 조건 중 하나다.

둘째, 해외 및 우리나라 이슈를 체크한다. 2025년 4월, 트럼프 2기 행정부의 관세 조치로 인해 시장이 어려웠다. 시장은 불확실성을 무척 싫어한다. 이런 불확실성 속에서는 해당 시장 리스크에 상응하는

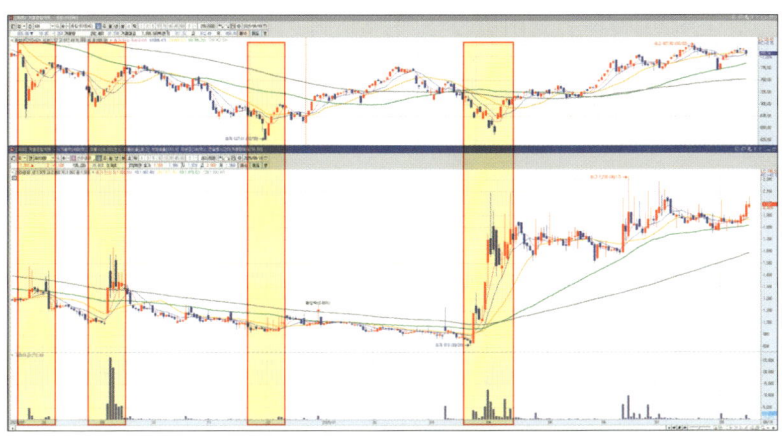

KOSDAQ 지수(상단)와 신라섬유(하단) 차트 비교(2024년 7월~2025년 8월)

수준의 매매는 피해야 한다. 세상이 시끄러울 만한 전쟁, 재난 등의 이슈부터 많은 사람이 관심을 가질 이슈가 있는지 쭉 살펴보는 편이다.

트레이딩을 잘하는 사람의 경우 시장이 어려울 때 헤지^{Hedge} 종목(지수와 반대되는 종목) 등으로 수익을 내기도 한다. 지수와 반대되는 종목 중 품절주인 신라섬유가 있다. 지수가 하락하는 구간에 자주 등장하며, 지수의 분위기에 따라 20% 이상 상승했다가 윗꼬리를 달고 내려오는 것으로 유명하다. 주변에 스캘핑을 잘하는 사람들을 보면 저런 종목에서 수익을 보고 나오지만, 나의 경우 대금이 적고 호가가 얇아 큰 의미가 없는 매매이다. 고점에서 매수하면 −10%도 쉽게 밀려 멘탈을 유지하기가 쉽지 않다. 이것 외에 전쟁 관련주가 오를 때도 있다. 헤지 매매로 볼 수 있는 종목이 여럿 있지만 이만 생략하겠다. 왜냐하면 보통의 일반적인 트레이더는 이럴 때 쉬는 편이 더 낫다. 나 또한 호흡이 빠른 트레이딩을 잘하는 편이 아니라서 지수가 하락하는 시기에 그동안 못했던 집안일이나 육아에 집중하는 편이다. 10년이 넘는 시간 동안 전업투자자로 살며 가장 중요하게 생각하는 것은 시간을 나에게 유리한 방향으로 쓰는 것이다. 조급한 마음에 큰 숲을 보지 못하고 오늘이나 내일의 수익만 좇다가 오히려 더 멀리 돌아갈 수 있다. 또한, 그것은 나와 가족이 가난한 삶을 살도록 하는 길임을 명심하자.

셋째, 관찰 후 베팅을 결정한다. 당일 지수 상황이나 시장 트렌드가 파악되었다면, 앞에서 설명한 '장 시작 전 준비 과정'의 루틴^{Routine}에 따라 결정된 종목의 움직임을 관찰한다. 나는 보통 내가 관찰한 종목이 지수 상황과 시장 트렌드에 맞고, 아주 나쁘지 않다면 베팅하는 편이다.

이제 이 모든 나의 루틴을 다시 정리해 보자. 위에 글로 풀어쓴 내용을 보기 쉽게 표로 만들면 다음과 같다. 정 전, 장 시작 후 수행해야 할 일을 루틴화 시키기 위해 체크리스트처럼 사용해도 좋을 듯하다. 물론 이 루틴은 전황의 루틴이다. 누구나 자신의 성향과 패턴에 맞게 수정할 수 있다. 다만, 진지한 트레이더라면 반드시 놓치지 않고 수행해야 할 필수 사항이라는 점을 잊지 말자.

장 시작 전	
1. 장 마감 후 조건검색에 뜬 종목을 관종에 추가한다.	☐
2. 해당 종목 뉴스 창에 '특징주' 키워드 검색, 숫자가 있는 뉴스를 확인한다.	☐
3. 양질의 뉴스 발견 시 차트 위치(60/120일선) 확인, 정배열 아닌 종목은 삭제한다.	☐
4. 블로그, 텔레그램 등 검색, 타인의 생각 또는 놓친 부분이 없는지 점검한다.	☐
→ 조건 만족 시 종목 선정 완료	
장 시작 후	
5. 투자자별 매매동향을 보며 당일 지수 상황을 파악한다.	☐
6. 해외 및 우리나라의 이슈를 체크한다.	☐
7. 종목의 움직임을 관찰한다.	☐
→ 베팅 or 쉬기	

시나리오 트레이딩

 현재, 이 글을 읽는 독자들에게 질문해 본다. 나는 어느 쪽의 트레이더일까? 전일 시나리오가 있는 트레이더일까, 아니면 전일 시나리오가 없는 트레이더일까? 트레이딩이란 단순히 주식을 사고 파는 행위만을 뜻하지 않는다. 아무 생각 없이 매수와 매도 버튼을 누르는 일을 트레이딩이라 이름 붙일 수 없다. 진정한 트레이딩이란 '미리 결정한 시나리오대로 실행하는 것'에 더욱 가깝다. 시나리오를 세워 매매에 들어간다고 할지라도 100% 수익을 낼 수 있다는 소리는 아니다. 수익이 날 수도 있고, 손실이 날 수도 있다. 그렇다면 반대로 생각해 보자. 자신만의 매매 시나리오 없이 시장에 뛰어든다면 어떤 일이 벌어질까? 위아래로 요동치는 시장의 가격 흔들림에 현혹되어 아무런 근거도 없이 '돈을 벌 것 같은 기분'에 매수 버튼을 클릭한다면 고수들이 난무하는 모니터 뒤 전쟁터의 먹잇감이 될 뿐이다. 계획되지 않은 매매를 한다면 수익을 봐도 언제 청산할지 모르고, 손실을 봐도 언제 끊어야 할지 알 방법이 없다. 그뿐만 아니다. 정작 하지 않아도 되는 매매를 할 가능성이 큰데, 이는 돈을 잃고 아니고의 차원이 아니라 매매 중독의 습관을 만들어 버린다. 진정으로 주식시장에 돈을 벌고 싶다면, 최소한의 시나리오도 없이 뛰어들면 안 된다.

> **전일 시나리오가 있는 트레이더**
>
> 평소 노력이 필요하다. 장이 끝나고 종목과 시장을 공부해야 한다. 이러한 준비가 평소 갖춰지면 매매 철학이 흔들리지 않는 장점이 있다. 최근 주도 섹터와 앞으로 좋아질 섹터를 파악한 뒤 지속적인 관찰을 통해 매수, 매도를 실행할 수 있다.

> **전일 시나리오가 없는 트레이더**
>
> 매매가 간단해 보이고, 노력하지 않아도 쉽게 매매할 수 있다. 하지만 뇌동에 노출될 우려가 크고, 당일 수급이나 뉴스(재료)를 보고 매수, 매도를 반복한다. 이는 앞서 말한 도파민 중독 매매를 끊임없이 의심해봐야 한다.

매매 시나리오에 대해 우리는 집중적으로 생각해 볼 필요가 있다. 주식 매매를 하다 보면 시간은 매우 빠르게 간다. 특별한 재능이 없는 트레이더는 시나리오 없는 매매로 세월을 보내기 일쑤다. 결국 시장에서 돈을 벌지 못해 가난해지고, 나이만 먹는다는 뜻이다. 그러므로 항상 자신만의 매매 시나리오를 설정하고 매매에 임해야 한다. 처음엔 누구나 시나리오 설정이 어렵다. 하지만 지금은 수많은 정보를 인터넷으로 얻을 수 있는 시대다. 유튜브나 블로그에서 타인의 주식 매매 일지를 보며 어떻게 시나리오를 세우고 매매했는지 한번 관찰해보자. 그리고 나와 성향이 맞고 매매 종목이 비슷한 트레이더가 있다면, 그 사람을 참고해 나의 시나리오를 작성해 볼 수 있다. 물론 그가 꾸준히 돈을 버는 트레이더라면 최상의 조건이 될 수 있다.

나는 트레이딩 시나리오를 세울 때 강한 섹터 세 가지를 본다. 세계적으로 주목받는 섹터, 국내 시장 이슈로 모멘텀이 있는 섹터, 개별적 이슈가 있는 종목군이다. 여기서 집중하는 순서는 세계적 섹터, 국내 시장, 개별 종목군 순서이다. 시장에서 큰돈이 들어오는 섹터는 유동성이 풍부하다. 설사 시장 상황이 급격히 안 좋아지더라도 대기 매수자가 많기에 타 종목들보다 손실도 크지 않다. 주식은 내가 매수한 뒤 주가가 내려가든 올라가든 그 후속 매수 대기자가 많은 종목을 골라야 한다.

내가 앞에서 줄곧 설명했듯, 이미 정해진 섹터와 숫자 분석(실적 등)을 마친 종목이 있고, 당일 시장 상황이나 트렌드가 맞으면 우선 정해 둔 베팅을 해 보는 것이다. 베팅하는 순간 손실이 날 것 같아도 혹은 수익이 날 것 같은 기분이 들든 상관없다. 미리 성실하게 매매를 위해 준비했다면 우선 내가 설정한 시나리오를 실행해보는 것이 매우 중요하다. 결과가 손실이든 수익이든 그대로 받아들여야 트레이더로서 성장할 수 있다. 보통 시나리오가 없던 트레이더가 시나리오를 세워도 그것을 지키지 못하는 경우가 많다. 처음엔 다 그렇다. 하지만 이 글을 읽는 독자라면 꾹 참고 2주만 무작정 시도해보자. 내가 매수한 종목이 폭락할 것 같아도 그 흐름을 눈으로 보며 고통을 감내하고 결과를 지켜보자. 그 과정이 지속되면서 우리는 그릇이 커지고 큰 트레이더로 성장할 수 있다. 덧붙여, 시나리오를 생활화하려면 앞서 이야기한 루틴으로 최소한의 틀을 갖추는 것이 큰 도움이 된다.

관심종목, 매매할 종목 선정
디테일과 체크포인트

관심종목 선정의 디테일

　이제 앞에서 이야기한 종목 선정의 큰 개념을 잡았다면, 이번에는 관심종목에 관한 조금 더 디테일한 이야기를 해보고자 한다. 독자분들은 관심종목 선정의 중심을 어디에 두고 있는지 스스로 문답해보면 좋다. 그 과정에서 내가 관심종목 선정의 기준이 있는 사람인지, 혹은 흐릿한 기준이 있는지, 또는 어떤 기준도 없는 사람인지 알게 될 것이다. 거래대금, 주가 상승률, 시가총액, 수급, 이평선, 파동, 뉴스 등 여러 가지 기준이 있을 것이다. 그런데 여기서 우리가 중요하게 생각해야 할 점이 있다. '어떤 조건들이 좋다'라는 것보다, '어떤 조건은 절대 매매하지 않는다'의 기준이 훨씬 중요하다. 절대 손대지 않겠다는 조건은 트레이더로서 하나의 명확한 기준이 될 수 있고, 최소한 특정 종목에서 결코 손실을 보지 않으려는 안전장치가 되기도 한다. 그래서 때로는 '무얼 한다'보다 '무얼 하지 않는다'가 더 선명하다. 나의 경우 매매하지 않는 조건이 두 가지 있다.

첫째, 오버슈팅이 나온 종목들이다.

뉴스가 좋고 거래대금이 좋더라도, 차트상 서사 없이 슈팅으로만 가는 종목들이다. 그러한 종목들은 그 슈팅이 끝일 확률이 높다. 이런 종목들은 분봉상 양봉 길이가 길게 뻗고 음봉 길이도 긴 편이다. 따라서 트레이더들은 변동성에 휘말려 뇌동 매수, 뇌동 손절로 유도될 가능성이 있다. 트레이더가 이러한 변동성에 취하다 보면 결국 나의 계좌도, 나의 마음도 병든다.

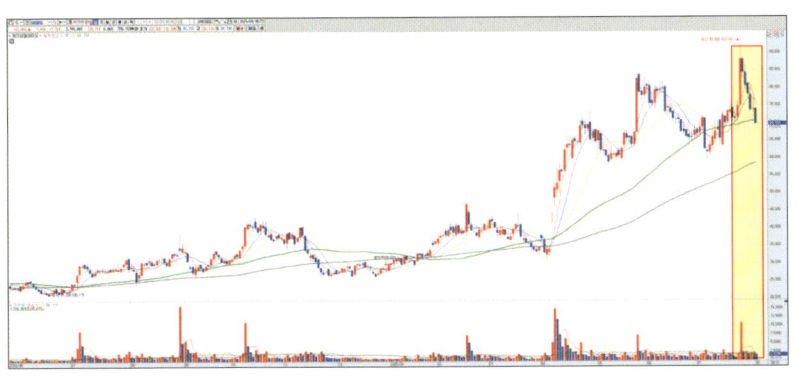

에이비엘바이오_일봉(2025년)

에이비엘바이오의 예를 한번 살펴보자. 먼저 일봉을 살펴보면 2025년 7월 24일 시가 대비 25% 이상 슈팅이 나왔다. 이 슈팅이 해당일 어떻게 만들어졌고, 종일 어떤 흐름을 보였는지 조금 더 자세히 보기 위해 3분봉 차트를 뉴스와 함께 확인해보자.

에이비엘바이오_3분봉(2025년 7월 24일)

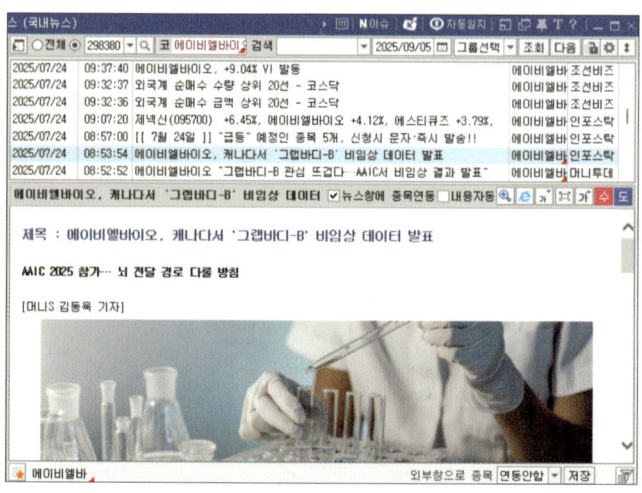

종합시황뉴스_에이비엘바이오(2025년 7월 24일)

2025년 7월 24일 에이비엘바이오의 뉴스와 일봉, 3분봉 차트다. 최근 바이오 회사들의 기술 수출이 잇따라 성사되고, 미국 금리 인하 기대감까지 겹치면서 호재 뉴스만 나오면 시장에서 슈팅을 잘 준다. 일봉으로 보면 거래대금과 주가 상승률 측면에서 주도주가 맞다고 보인다. 그러나 당일 장 시작 후 조정 없이 1시간 동안 20%가 넘는 상승률을 보였다. 나는 이렇게 눌림 없이 상승하는 종목은 매물의 소화가 없다고 판단하므로 오버슈팅 종목으로 본다. 그래서 다른 조건이 맞다고 해도 이런 종목은 매매하지 않는다.

둘째, 뉴스에 울고, 뉴스에 웃는 종목이다.

뉴스 한 방에 상한가를 가거나 폭락하는 종목들이다. 홀짝 게임으로 비유할 수 있다. 가령 어떤 계약 일정이 있고, 그게 성사되면 급등하고 실패하면 하락한다. 뉴스 한 방에 결과가 결정되는 것들이다. 대부분 성사되더라도 '재료 소멸'이라는 이유로 결과적으로 폭락하는 경우가 많다. 그래서 뉴스가 세계적인 재료를 담고 있는지, 아니면 개별로 쉽게 나올 수 있는 뉴스인지가 중요하다.

2024년 5월 17일 HLB 기사와 일봉 차트다. 보통 뉴스에 울고 웃는 섹터는 바이오가 많은 편이다. HLB 또한 신약 기대감으로 계속 오름세를 보이다가 결전의 날, 신약 허가가 불발되면서 2일 연속 하한가를 갔다. 이러한 일정이 임박했을 때는 나는 아예 관심종목에서 삭제하는 편이다. 물론 때로는 달콤한 수익을 줄 수도 있겠지만, 한 번에 계좌가 무너지는 매매와 종목은 절대 보지 않는다.

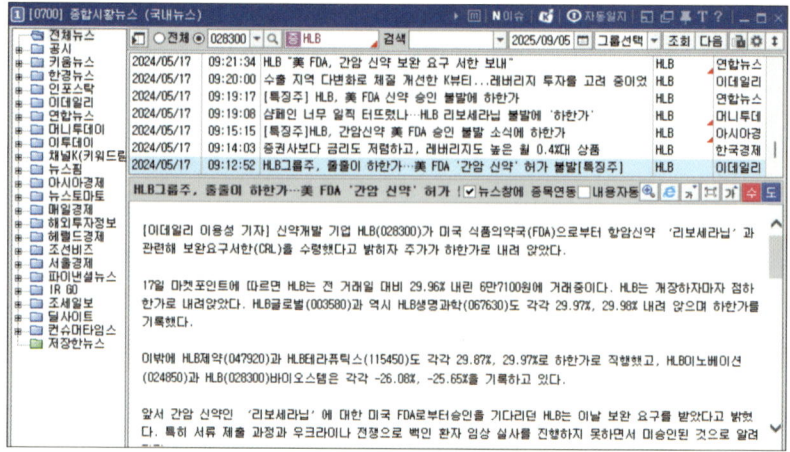

종합시황뉴스_HLB(2024년 5월 17일)

HLB_일봉(2024년 5월 17일)

아픈 과거를 다시 돌이켜 보면 나는 이러한 홀짝 게임과 같은 종목에 크게 당했다. 2019년 베트남 하노이에서 미국 트럼프와 북한 김정은과의 정상회담 일정이 있었다. 그러나 당시 회담은 결렬되어 좋지 않게 끝난 적이 있다. 그때 시장의 메인 섹터는 대북주였으나 당일 모두 20%가 넘는 갭 하락을 보였다. 나는 그때 대북주에 베팅해 자산 대부분을 날린 경험이 있다. 그래서 나는 아무리 확률이 높아 보여도 뉴스 일정이 다가온 홀짝 매매는 절대 하지 않는다.

나는 위의 두 가지 관심종목 선정 조건을 제외한 이후로 계좌의 안정을 찾았다. 마인드 또한 여유로워졌으며 삶의 균형도 찾았다. 독자분들은 이 부분을 신중하게 고민해보면 좋겠다. 지금 내가 보는 종목이 나의 '제외 조건'에 하나라도 포함되어 있는지 말이다.

매매할 종목 선정의 디테일

이번 장 시작 부분의 '전황 트레이딩 플로우'를 이미 살펴봤을 것이다. 앞서 나왔던 도식이 기억나는가? 다시 한번 보면서 매매할 종목 선정에 관한 디테일을 찾아가 보자.

앞에서는 장 시작 전, 장 시작 후 사고와 행동 절차에 주목했다면, 이번에는 종목 선정에만 집중해보자. 다음날 매매할 종목을 골라낼 때는 다음 도식처럼 좌에서 우의 방향으로 나아가며 선정한다. 보통 세 가지로 구분하여 압축한다. 섹터 1등이거나, 섹터 1등은 아니더라도 호가가 더 두껍거나 1등과 주가 '키 맞추기'가 가능한 종목, 그리고 60일선과 120일선에 붙어 있는 종목을 유심히 관찰한다. 그 종목 중 운 좋게 좋은 기사가 나오더라도 곧바로 따라 매수하지 않고 오전에

```
┌─────────────────┐
│ 장 시작 전 준비 과정 │
└─────────────────┘
  ┌──────────┐  ┌──────────┐  ┌──────────┐  ┌──────────┐
  │ 조건검색식 │  │  재료 확인 │  │차트의 위치 확인│ │타인의 관점 비교│
  │   활용    │  │(뉴스 및 숫자)│ │ (60/120선) │  │(블로그 및 텔레그램 등)│
  └──────────┘  └──────────┘  └──────────┘  └──────────┘

            ┌──────────────────────────┐
            │       당일 지수 상황        │
            │ (외인의 포지션 및 미국 시장 상황) │
            └──────────────────────────┘

            ┌──────────────────────────┐
            │    베팅금액 설정 및 실행      │
            └──────────────────────────┘

                 ┌─────────────┐
                 │  당일 실행 과정 │
                 └─────────────┘
```

전황의 매매 과정_도식

지켜보는 편이다. 매매할 종목은 전날 선정한다는 점에는 변함이 없다. 매수 시점은 장 초반에 쏠린 수급이 안정된 뒤, 내가 선정한 종목이 제 힘으로 올라가거나 내려갈 때 타이밍을 잡는다. 장 분위기에 휩쓸린 움직임이 아니라 장이 안정된 후의 흐름을 말한다.

섹터 1등 종목	섹터 1등이 아니지만, 호가가 두껍거나 1등과 주가 키 맞추기가 가능한 종목	60일선과 120일선에 붙어 있는 종목

나도 급하게 매수할 때가 있다. 그럴 때는 시황과 수급이 좋은 상황에서 거래대금을 유심히 본다. 거래대금이 '코스피에서 몇 등인가',

'코스닥에서 몇 등인가'가 주요 지표가 된다. 보통 코스피는 삼성전자와 SK하이닉스가 1, 2등을 다투지만, 내 관심종목이 크게 갈 때는 두 종목을 뛰어넘어 큰 거래대금을 동반한다. 이는 오늘 시장에서 모든 투자자가 집중하고 있으며 너도나도 매수에 몰려 있는 경우다. 이럴 때 나는 급하게 따라가는 편이고, 어느 정도 매수했다가 물리더라도 지켜본다. 이런 종목을 관찰하다 보면 시장이 끝나는 종가가 고가로 마감되는 경우를 종종 보게 된다. 그 움직임을 장중에 관찰하는 경험을 오랜 시간 훈련하면, 오전에 매수하고 오후까지 버텨서 계좌를 크게 성장시키는 원동력이 된다.

2025년 6월 18일 NAVER는 AI 수석을 배출했다. 정부 정책 중 AI 혜택이 제대로 반영된 주가 흐름을 보였다. 나는 보통 오전이든 오후든 매수하면 그날 보유하는 편이라 NAVER처럼 큰 상승이 나오면 계

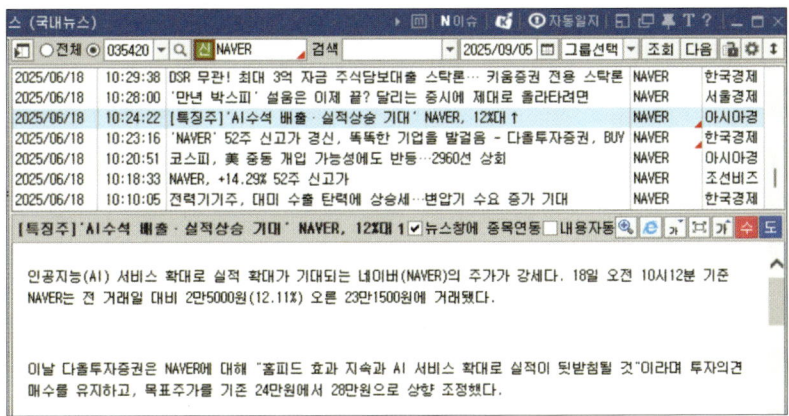

종합시황뉴스_NAVER(2025년 6월 18일)

NAVER_일봉(2024년 6월 18일)

좌가 급격하게 불어난다.

    주식에서 완벽한 종목선정과 완벽한 타점은 없다. 모든 조건 값이 좋아 베팅했더라도 손실이 날 수 있음을 인정해야 한다. 지나간 차트를 보고 확신을 얻는 것도 좋은 방법이지만, 이번에는 틀릴 수 있다는 점을 명심해야 한다. 나 또한 시나리오를 설정하고 매매에 임하더라도 생각과 다르게 흘러가는 경우가 많다. 그럼 주저 없이 손절매하고, 다시 시장을 되짚어본다. 오늘 실패해 손절하더라도 우리에게는 주식시장에서 수많은 새로운 기회를 찾을 수 있다. 실패했다고 해도 훌훌 털어버리고 미련을 두지 말자.

매매 구역(ZONE) 설정하기

어디에서 매매할 것인가?

관심종목과 매매할 종목 선정의 디테일에 관해 조금 더 알아봤다. 이제 남은 것은 '어디에서 매매할 것인지' 아는 일이다. 물론 다음 주제에서 더 자세하게 설명하겠지만 간단히 복습하는 차원에서 다시 상기해보자. 지금까지 이 책을 쭉 읽었다면 내가 어디서 매매할 것인지 이미 감을 잡고 있을 것이다. 지수와 종목이 차트상 우상향 정배열 구간에 있을 때만 매매한다. 당연한 말이지만, 이를 제대로 알고 실천하는 트레이더는 드물다. 그래서 주식에서 돈을 꾸준히 벌고 계좌 또한 우상향시키는 트레이더가 극히 드물다는 뜻이기도 하다. 이토록 몇 번이나 강조할 때는 분명 이유가 있다.

첫째, 지수를 확인하자.

책을 읽을 시점과 예가 사뭇 다를 수 있겠지만 2025년 7월을 기준으로 삼아보자. 코스피 지수 차트를 보면 60일선, 120일선이 정배열 구간에서 20일선 위에 지수가 위치해 있다. 이는 추세상 가장 좋은 구간으로 자산 증식의 기회다. 현재 위치에서 좋은 종목이 나온다면 비중 베팅으로 자산을 증식시킬 수 있는 기회가 된다고 볼 수 있다.

둘째, 주도 섹터를 확인하고 종목을 선정하자.

다시 앞서 나온 벤다이어그램을 떠올려 보자. 매매할 종목을 선정할 때는 재료와 이슈, 상대강도, 유동성의 교집합에서 찾을 수 있다고 했다. 이 교집합에 부합하는 것들을 장 시작 전 준비 과정을 거치며

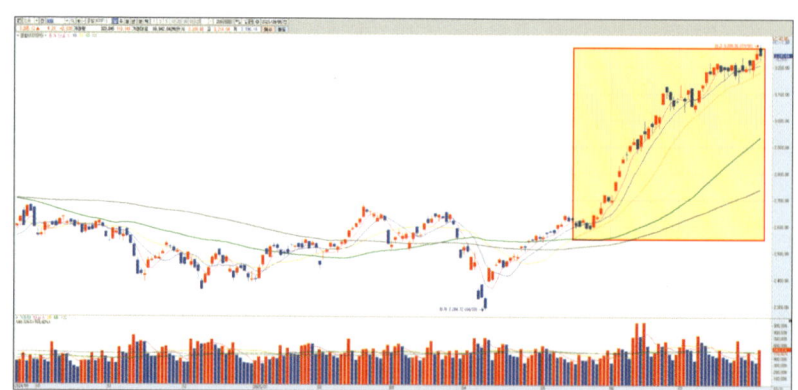

KOSPI지수_일봉(2024년 10월~2025년 7월)

검토한다. 그 절차에서 종목의 윤곽이 나온다.

셋째, 종목의 구간을 확인한다.

2025년 시장에서 세계적인 트렌드는 원자력 발전을 꼽을 수 있다. 우리나라의 경우 정권이 바뀌었음에도 원전이 강한 흐름을 보여주고 있다. AI의 발전이 활발해지면서 필요한 전력 수요가 증가했다. 이때 효율이 가장 뛰어난 전기 생산 수단이 원전일 수밖에 없다. 모두가 좋다는 것을 알기 때문에 상대강도와 유동성도 늘 높다. 이를 전제로 원전섹터에서 대장인 두산에너빌리티를 한번 보자.

60일선과 120일선이 정배열 구간이다. 추세상 가장 좋은 구간에 놓여있지만, 동그라미를 그려놓은 부분에서 20일선을 이탈한 뒤 고점을 갱신하지 못한 채 횡보하는 중이다. 여기서는 관심을 가지고 있어야 하지만, 매매할 구간은 아니므로 지켜만 본다. 횡보가 끝나고 20일

두산에너빌리티_일봉(2025년 5~6월 구간, 박스)

선을 회복하면 그때가 매매 포인트가 될 수 있다.

나는 이러한 과정을 통해 어디서 매매할 것인지 결정한다. 지수가 좋은 구간이라도 상대강도와 유동성이 좋은 섹터가 20일선 밑에서 횡보 중이라면 지켜봐야 한다. 주도 섹터는 대부분 종목이 20일선을 회복하고 고점을 갱신한다. 하지만 예상과 다르게 내가 본 가격이 역사상 최고점이라면 어떨까? 주식에서는 항상 최악의 시나리오도 가지고 가야 한다. 그래서 나는 손절 지점이 보다 명확한 일봉상 20일선을 기준으로 그 위에서만 매매한다. 20일선이 깨지면 장중이건 종가이건 손절매를 하는 편이다. 다시 한번 말하지만, 오늘은 실패하고 손절하더라도 시장은 늘 우리에게 좋은 기회를 다시 준다. 그 기회는 우리가 생각하는 것보다 빨리 온다고 믿는다.

전황의 매매 구역(JH ZONE)

독자 여러분은 나만의 매매 존Zone이 어떻게 설정되어 있는가? 매매 구역이란 즉, 매수 타점을 말한다. 아마도 차트 매매를 열심히 공부한 사람이라면, 각자 확률이 높은 구간이 있을 것으로 생각한다. 나도 매매 구역이 설정되어 있으나, 그렇게 자세하지는 않은 편이다. 디테일하지 않다는 말을 오해하면 안 된다. 무언가를 잘하지 못한다는 뜻이 아니다. 어떤 특정한 타점 하나가 아니라, 일정한 구역에서 매수한다는 뜻이다. 주식에는 만능의 절대 타점도, 완벽한 구역도 없다. 다만 주식의 파동에서 그 추세를 믿고 흐름을 탈 뿐이다. 이 책을 여기까지 읽은 독자라면 내 매매 구역도 짐작할 것이다. 나의 매매는 단순하므로 매수 구역도 복잡하지 않다. 따라서 독자 여러분 모두 따라 할 수 있다. 나의 단순한 매매 구역을 함께 살펴보자.

바로 앞에 예를 들었던 두산에너빌리티의 차트다. 이번에는 이 종목 2025년 5월의 주가 움직임을 박스로 표현한 곳에 주목해보자. 이때는 세계적으로 원전에 관련된 이슈로 흐름도 좋고 수주(숫자)와 관련된 뉴스도 많이 보였다. 일봉상 저런 좋은 구간에서 전황은 어떻게 매매할까?

두산에너빌리티_일봉(2025년 5~6월)

2025년 5월, 두산에너빌리티의 15분 차트이다. 동그라미로 표시한 부분은 15분봉상 120선에 닿았을 때다. 이곳을 잘 살펴보자. 추세가 좋은 종목은 15분봉에서 60선이나 120선을 깨지 않고 추세를 타는 특징이 있다. 나는 이 부분을 아주 중요하게 생각한다. 주가가 120선을 지킨다고 생각하고 매매를 실행할 수 있으며, 그것을 깨면 그냥 손절매한다. 그뿐이다. 그럼 일단 이곳이 중요하다는 전제를 만들었으니, 이 종목이 어떤 파동으로 움직이는지 보자.

종목마다 호가가 다르고 시가총액 대비 유동성 또한 다르다. 하지만 이런 상승 추세의 종목은 어느 정도 눌림폭이 정해져 있으므로 우리는 매매 구간을 정해서 들어갈 수 있다.

앞서 보여준 차트와 동일한 두산에너빌리티 15분봉 차트다. 이곳에 고점 대비 주가가 얼마나 빠지고 다시 반등 후 고점을 뚫어주는지 알아보기 쉽게 표시했다. 이 차트를 보면 같은 시기에 두산에너빌리티의 경우 고점 대비 4~6%의 하락폭을 가진 것으로 보인다. 그럼 나의 경우 당일 시황이 괜찮다면 고점 대비 4~6% 정도가 매수 구역, 즉 존(ZONE)이 되는 것이다. 지난 5월, 두산에너빌리티를 고점 대비 4~6% 매수 구역에서 열심히 매매했던 기억이 떠오른다. 그렇게 매매를 진행하다가 15분봉에서 120선이 깨지면 두산에너빌리티 종목을 더는 매매하지 않고 관찰 대상 종목이 된다. 그러다가 다른 조건이 비슷할 때 주가가 120선을 회복하면서 올라온다면 다시 매매 종목이 된다. 같은 시기를 보여주는 앞의 일봉 차트를 보면 5월 이후의 흐름도 확인할 수 있다. 일봉상 흐름을 보면 방금 살펴본 5월 구간 이후에도 여전히 추세가 강한 것을 확인할 수 있다. 그럼 이번에는 6월의 흐름을 보여주는 15분봉 차트를 이어서 확인해보자.

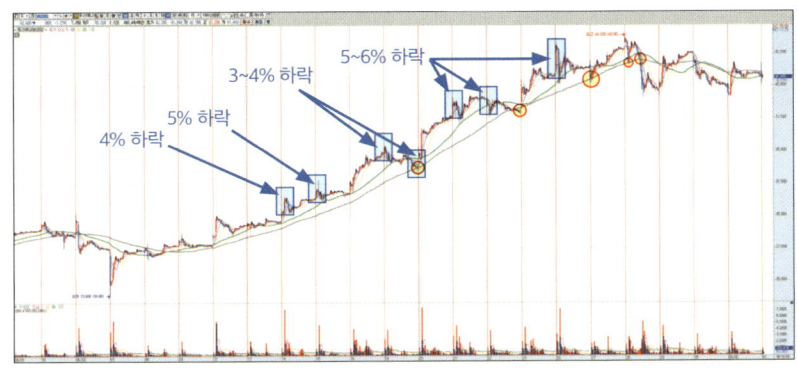

두산에너빌리티_15분봉(2025년 5월)

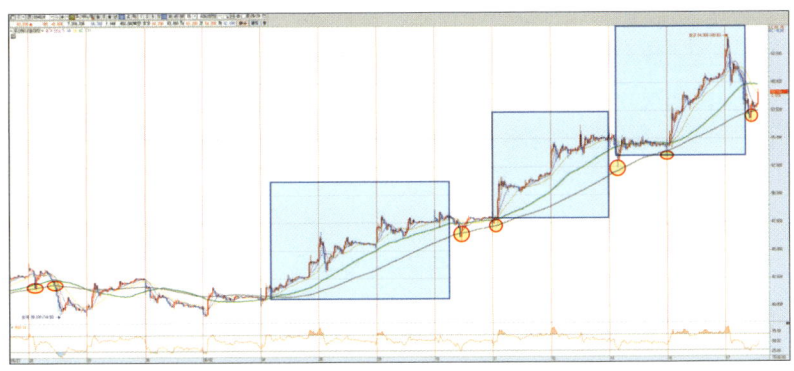

두산에너빌리티_15분봉(2025년 6월)

    2025년 6월, 두산에너빌리티의 주가 흐름 또한 15분봉에서 120선을 깨지 않고 계속 우상향하는 모습을 볼 수 있다. 그럼 나는 이때 다시 4~6% 구간을 적극적으로 공략한다.

    이렇듯 추세를 유지하고 세계적인 트렌드에 맞는 종목이 나타나면 나는 몇 개월 동안 한 종목으로 계속 수익을 낸다. 굳이 뉴스 한 방에 상한가를 가고, 갑작스럽게 수급이 쏠려 돌파하는 종목에서 수익을 내려고 보초를 서는 듯한 피곤한 매매를 계속할 필요가 없다. 온 신경을 그곳에만 집중해 괜찮은 종목이 나오는지 살펴보는 일은 누구에게나 힘든 일이다. 그런 종목은 호가도 얇아 비중을 넣기 어렵기 때문에 수익이든 손실이든 그 자체가 너무 피곤한 일이다.

이제 전황의 매매 구역을 정리해보자.

> **전황 매매 존(Zone)**
> 1. 현재 시장에서 가장 강한 섹터 중 일봉상 정배열인 종목을 선택
> 2. 시장 상황이 나쁘지 않다면 그 종목의 15분봉 변동폭을 설정하여 공략
>   (경험상 주도 섹터의 경우 보통 3~8% 사이를 목표로 설정)

지금까지 주도 섹터나 주도주를 매매하면서 주가의 변동폭은 고점에서 3~8% 수준이다(대형주의 경우 2~4%). 이를 넘어 주도주가 고점 대비 10% 이상 빠진다면 시황의 문제이거나 그 종목의 악재, 또는 시세의 끝자락이라고 보고 손절해야 한다. 물론 다시 올라오면 그때 매매하면 되는 것이지, 이를 손절하지 않고 버티다간 그동안 쌓아 올린 나의 노력과 시간이 무의미해지므로 항상 손절은 내 생명처럼 여기고 해야 한다.

나는 이런 주식 매매가 너무 재미있고 즐겁다. 그래서 애초에 평생 할 생각이었다. 나중에 늙어 체력이 저하되더라도 할 수 있는 매매를 구상한 것이 바로 이런 매매다.

차트상 고점 대비 하락률 선 설정법

차트에 고점 대비 2~4%까지 하락률을 선으로 표시하는 방법을 알아보자.

키움증권 HTS에서 키움종합차트(0600) 창을 열고, 분봉 차트에서 마우스 오른쪽 버튼을 누르고 수식관리자를 클릭한다.

키움HTS_0600창_분봉_수식관리자

그러면 '수식관리'라는 창이 새롭게 나타난다. 상단에서 '새로만들기'를 클릭하면 수식을 입력하라는 메시지가 하단에 출력된다. 지표명에 '2~4% 하락'으로 이름을 적어준다. '수식1'의 이름을 －2%라 쓰고 다음과 같이 작성하여 넣는다.

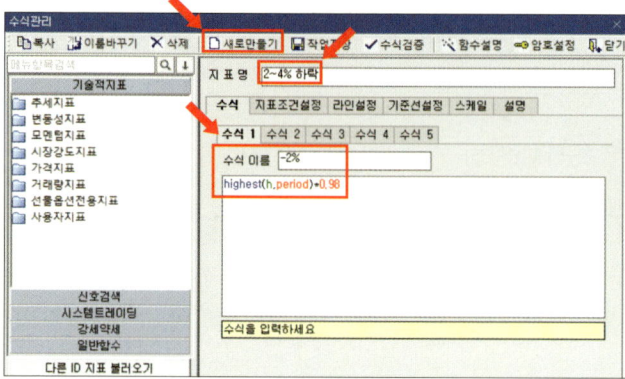

키움HTS_수식관리_수식1

이제 수식2의 수식 이름은 -3%라 쓰고 다음과 같이 작성하여 넣는다.

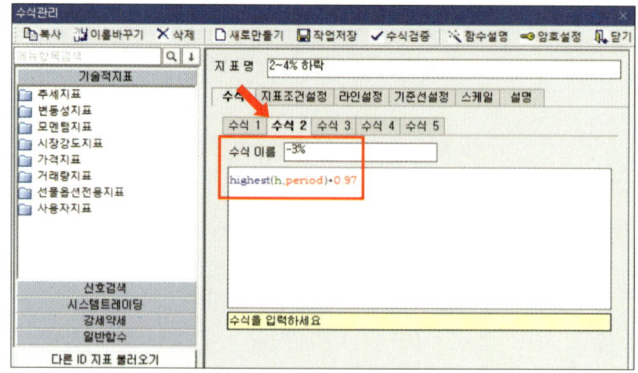

키움HTS_수식관리_수식2

다음 수식3의 수식 이름은 -4%라 쓰고 다음과 같이 작성하여 넣는다.

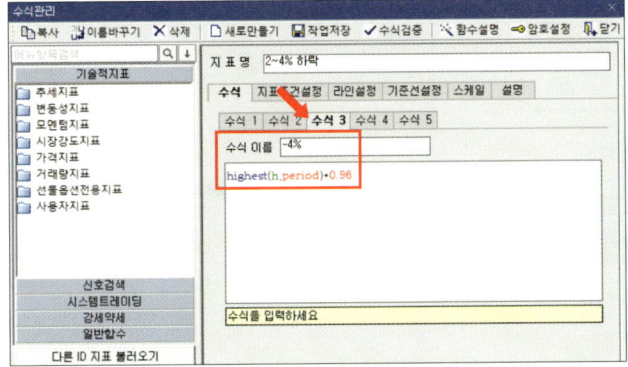

키움HTS_수식관리_수식3

이제 수식 옆의 탭인 지표조건설정을 클릭한다. 조건이라 쓰인 빈 직사각형에 period와 130을 입력한다.

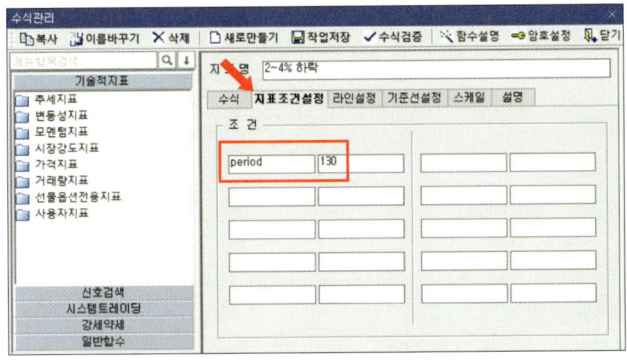

키움HTS_수식관리_지표조건설정

입력을 완료하고 다음 탭인 라인설정을 눌러 들어간다. 라인별 색상과 너비를 설정하여 본인이 보기 편한 색과 굵기를 선택한다.

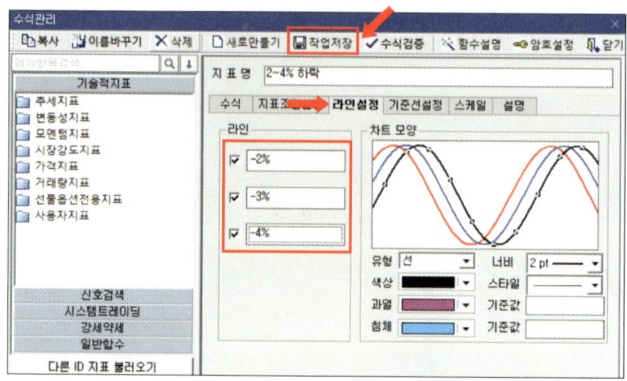

키움HTS_수식관리_라인설정

모든 설정을 마쳤으면 '작업저장'을 반드시 누르고 창을 닫는다. 다시 분봉차트로 돌아오면 아무 곳에나 커서를 두고 마우스 오른쪽 버튼을 누른다. 여러 가지 메뉴 중에 '지표추가'를 찾아 누른다.

키움HTS_0600창_분봉_지표 추가

다음과 같이 '지표 추가/전환'이라는 작은 창이 뜬다. 하단 찾기에서 '2~4'라고 적어 넣으면, 이미 우리가 저장해둔 '2~4% 하락' 조건이 나온다. 이를 클릭하여 적용한다.

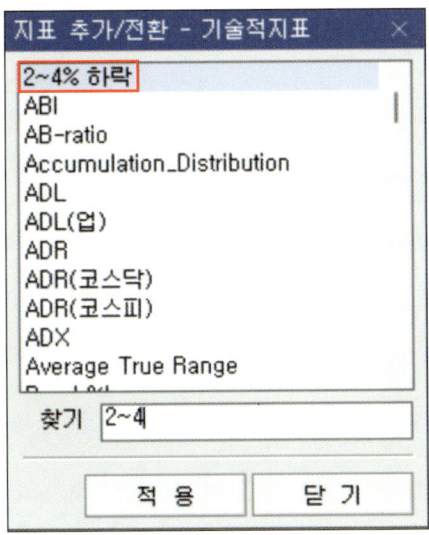

키움HTS_0600창_지표 추가 전환

이제 거의 다 왔다. 차트 하단을 보면 우리가 만든 기술적지표가 추가된 것을 확인할 수 있다. 3개의 줄이 연속된 선이다. 이제 이 지표를 차트에 딱 붙여 15분봉이 움직일 때 몇% 하락했는지 쉽게 알아볼 수 있도록 만들어야 한다. 좌측 하단 지표 이름을 클릭, 드래그해서 차트의 빈곳에 두면 'Y축 표시 방법' 창이 나타난다. 이때 맨 하단 '다음 지표와 Y축 공유'를 체크하고 종목명을 선택한 후 확인을 누르면 모든 설정이 완료된다.

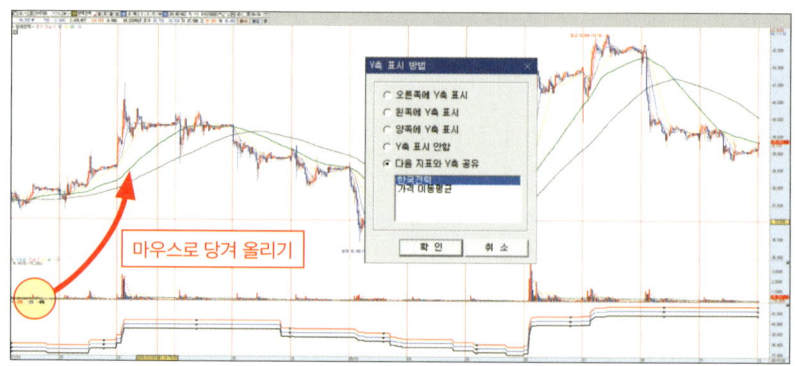

키움HTS_0600창_분봉_Y축 지표 추가

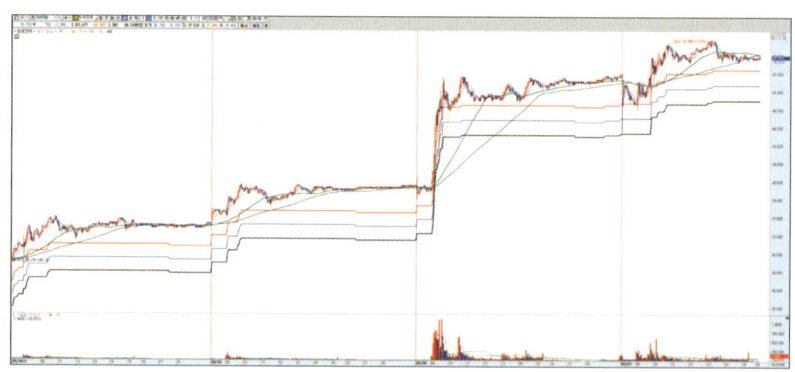

키움HTS_0600창_분봉_지표 적용 완료

　우리가 만든 '2~4% 하락' 지표가 3분봉 차트에 적용된 모습이다. 설정이 완료된 차트는 한국전력이다. 2025년 8월 5~7일의 차트로 주가 흐름을 확인할 수 있다. 흐름을 보니 고점에서 -2% 정도의 가격 변동성을 갖고 있다는 사실을 알 수 있다.

　추가적인 지표 설정과 관련해 궁금증이 있는 독자는 블로그 및 유튜브에서 보다 상세하게 배울 수 있으니 여기서 지표 설정 방법 설명은 마무리하겠다.

대형주 추세추종,
실전 매매 예시

글로벌하게 뜨거운 섹터와 관련된 종목들은 국내 시장에서도 마찬가지로 뜨거울 가능성이 크다. 보통 우리나라에만 있는 정치 테마주 외에는 글로벌하게 테마가 움직이고 소멸한다. 그중 큰 테마들은 기관과 외국인도 함께 참여하면서 큰 시세를 만들기도 한다. 예를 들어 전기차를 보자. 미국의 테슬라가 신고가를 계속 경신하며 시장에 전기차라는 중요한 산업을 키웠다. 이와 함께 LG에너지솔루션, 삼성 SDI 등이 움직이면서 에코프로 형제들이 큰 시세를 만들기도 했다. 또 다른 이슈로는 원전 테마주를 들 수 있다. 원전 테마주는 수주 이야기가 나오면 반짝 움직이곤 하는데, 사실 이렇게 수주 뉴스로만 접근해서는 된통 물리기 쉽다. 오히려 미국의 원전 관련주들을 보면 흐름을 파악하기가 수월하다. 미국 원전 관련주들이 신고가를 경신하면서 한국 원전 관련주도 함께 상승하는 모습이 관찰된다. 최근에는 구글의 양자컴퓨터 개발설이 나오면서 미국의 아이온큐를 비롯해 많은 양자컴퓨터 관련 주식들이 크게 올랐다. 정말 안타깝게도 국내에는 양자컴퓨터 관련된 큰 주식이 없어 소형주만 움직였다. 그 종목들 중에서도 엑스게이트와 같은 종목은 국내 사모펀드가 단기 트레이딩을 하면서 상한가로 가기도 했다. 비록 우리가 미국 시장을 직접적으로 트레이딩하지 않더라도, 전 세계에서 어떤 테마가 뜨겁고 그와 관련된 기업이 무엇인지에 대한 고민을 항상 해야 한다. 결국 그런 흐름 안에서 외국인과 기관이 들어와 대형주의 시세가 분출된다.

대형주 자체의 흐름이 6개월 정도로 길게 이어지는 만큼 장기적인 시각에서 트레이딩해야 한다. 대형주의 경우에는 추세를 만들며 움직이기가 매우 어렵다. 하지만 2024년을 기준으로 보면 특별한 이벤트가 발생한다는 전제하에 추세가 움직이기 시작하고, 대략 6개월 정도는 상승과 하락을 반복하면서 우상향하는 흐름을 만들어낼 수 있음을 관찰할 수 있었다. 대표적으로 2024년 초에는 AI에 대한 기대감으로 반도체 전망이 매우 좋았다. 장기적으로 SK하이닉스와 삼성전자의 차트에서 이들이 6개월 이상 꾸준히 우상향하는 모습을 보였음을 확인할 수 있다. 이동평균선이 모이고 52주 신고가를 만들 때는 장기적으로 끝까지 따라가며 트레이딩해야 한다. 빠르게 한 번 트레이딩하고 버려둬서는 안 된다. 어떤 사람은 종목을 계속 바꾸지만, 나는 사실 애증이라고 부를 정도로 종목 하나를 끈질기게 좇아갈 때가 있다. 그때가 바로 이런 기회를 만났을 때다. 지난해 삼성전자와 SK하이닉스만으로 전체 수익의 2/3를 냈다.

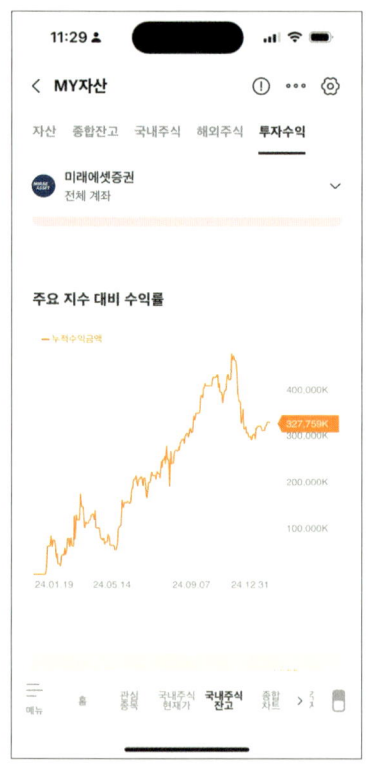

전황의 2024년 수익금 그래프

2024년 한 해의 수익금 추이를 보여주는 그래프이다. 그해 11월과 12월 장이 어려웠던 탓에 수익금이 줄어 3억 3천만 원 정도의 수익을 냈다.

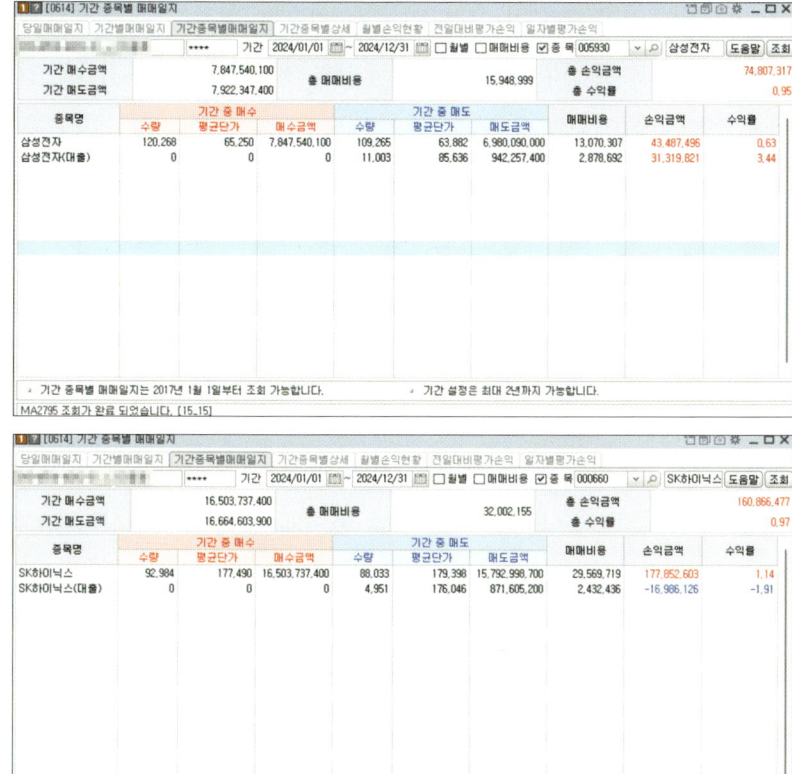

기간 종목별 매매일지_전황 계좌(2024년)

    2024년 3억 3천만 원의 수익금 중 삼성전자와 SK하이닉스로 2억 3천만 원 정도의 수익을 봤으니, 대형주의 추세 구간에서는 일 년 내내 거래를 했다고 해도 과언이 아니다.

    트레이딩 방법은 간단하면 간단할수록 좋다. 종목 선정이나 시장을 보는 안목은 매우 날카로워야 한다. 하지만 그 종목에 대한 평가와 선택이 끝나고 근거가 마련됐다면, 정작 트레이딩하는 기술은 굉장히 간단명료해야 한다. 트레이딩의 진입과 청산에 복잡한 조건을 달면 달수록 수익은 오히려 작아진다. 거기다가 자신감을 잃는 구간, 즉 손실이 계속 발생하는 구간에 돌입하면 더 이상 트레이딩에 대한 확신이 사라진다. 이때 많은 사람들이 무너진다. '내가 선택한 방식이 틀렸다'라는 생각은 곧바로 '내 매매에 답이 없다'로 귀결되기 때문이다. 한 번의 실패가 수년의 의지를 꺾어버리는 독이 된다. 그래서 나는 매매전략을 오히려 단순화시키는 방향으로 가닥을 잡고 진화했다. 전략은 5가지 정도로 축소해 압축했다. 그간 정말 다양한 디테일을 요하는 전략들을 구사해왔지만, 결국 주식에서는 종목 선정이 80% 이상이라는 결론을 얻었다. 다시 말해 나머지 20% 안에서 디테일을 살리는 스킬만 필요하다는 것이다. 방법이 간단할수록 나중에 매매를 복기할 때 '어떤 방법이 큰 수익을 가져왔고, 어떤 방법이 손해를 줬는지' 간결하게 분석할 수 있다. 좋은 자리에서 진입해 수익을 확정하는 청산 과정의 매매 기법이 복잡하면 나중에는 자신도 왜 매매했는지 모른다. 그 시점의 관점이 명확히 드러나도록, 기법은 오히려 간결하게 유지하는 게 좋다고 할 수 있다. 다양한 매매 전략을 만들고, 정신없이 따라가기보다는 변수를 최대한 줄이고 한두 개의 매매 전략으로 축소하되, 그 기법을 완벽에 가깝게 구사하도록 집중하는 것이 수익을 내는 올바른 방향이라고 생각한다.

나는 보통 대형주를 매매한다. 누구나 아는 삼성전자나 SK하이닉스 같은 종목이다. 이런 대형주는 '슈팅'이 잘 나오지 않고, 종가를 고가 근처로 말아 올리며 마감하는 흐름이 많다. 수많은 트레이더는 이런 흐름을 답답해하지만, 나는 그날 오전에 매수했다면 그때부터는 휴식이다. 아내와 점심을 먹고 산책을 즐긴다.

앞에서 설명한 종목 선정 기준에 부합한 대형주에 수급이 유입되고 거래대금이 터지며 상승하는 날은 보통 고점 대비 2% 이상 밀리지 않는다. 그래서 내 경우 매수가 체결됐다면, 중간중간 고점 대비 2% 이상 내려오거나 매수 후 손실이 2% 정도면 손절매를 고민한다. 주가가 쉽게 고점 부근에 붙지 못해도 손절매한다.

NAVER 진입과 청산

지난 2025년 6월 매매했던 종목 중 네이버를 매매했던 사례를 먼저 살펴보자.

NAVER_일봉(2025년 6월 18일)

이 장의 초반에 소개했던 네이버의 일봉 차트다. 네이버는 2025년 6월 18일 평소와 다른 강한 수급을 동반하면서 그날의 주도주가 되었다. 주도주가 되는 당일 공략하지 못하더라도 이런 종목은 추적관찰을 하며 계속 매매할 수 있다. 따라서 근거와 논리를 찾을 때까지 서둘지 않아도 된다. 물론 때때로 놓칠 수도 있지만, 자신만의 논리 없이 매매하는 행위는 트레이딩 실력 향상에 도움이 되지 못한다. 이 종목은 당일 오전 9시부터 기사가 쏟아졌다. 이재명 정부의 AI 수석으로 네이버 출신 하정우가 임명됐다는 소식이 전해지자 수급이 쏠렸다. 세계적으로 그리고 우리나라에서도 AI는 아주 뜨거운 테마였으며, 곧이어 스테이블코인 이슈도 함께 엮이며 현재까지 시세를 분출하고 있다. 네이버는 2025년 한 해 내내 관심종목에 넣어야 할 종목이라 할 수 있다.

대형주 추세추종 매매의 중요한 지표인 15분봉상 60이평선과 120이평선을 보자. 앞서 누누이 말했듯 이 구간은 정배열로 돌아선 시세

NAVER_15분봉(2025년 6월 18일~23일)

의 초입 구간이다. 나의 경우 이 구간이 핵심 구간이며, 어디에서 매수하더라도 수익을 낼 확률이 높다. 다만, 차트만 보지 말고 유동성과 상대강도를 함께 살피고, 현재 시장 트렌드와 부합하는지 반드시 확인해야 한다. 초입 구간에서는 상승 탄력이 커서 이때는 며칠 만에 큰 수익을 낼 수도 있다.

네이버의 3분봉을 살펴보자. 앞서 언급한 것처럼 대형주의 경우 고점 대비 −2%를 크게 벗어나지 않는 편이다. 나의 경우 고점을 돌파할 때 매수하는 경우는 극히 드물다. 고점 대비 어느 정도 내려온 상황에서 매수하거나 모아가는 편이다. 네이버의 경우 차트를 보면 알겠지만 고점 대비 −2~−3% 수준을 벗어나지 않는 추세를 형성하고 있다. 추세가 며칠 혹은 몇 주간 진행되다 보면 −4~−6%까지도 내려올 수 있으니, 충분히 추세의 변동성을 계산하고 그 안에서 분할 매수로 대응하면 된다.

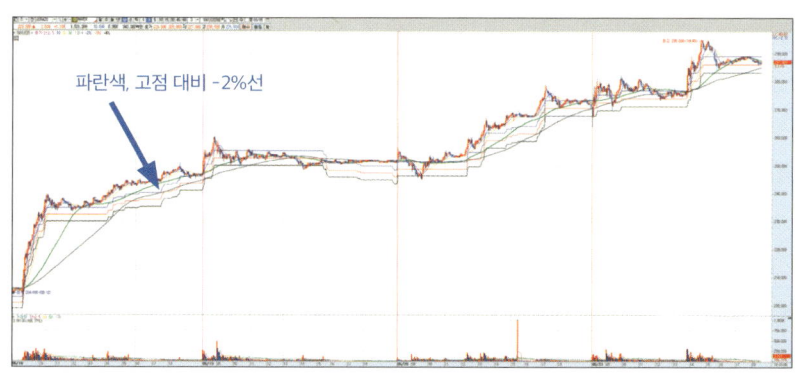

NAVER_3분봉(2025년 6월 18일~23일)

전황의 NAVER 종목 매매일지

두산에너빌리티 진입과 청산

2025년 7월 15일, 두산에너빌리티 종목을 한번 살펴보며 전황의 매매법을 곱씹어 보자. 어떤 흐름 속에 있을 때 종목을 잡아내고 매수할 수 있는지 차근차근 살펴보면서, 머릿속으로 이미지 트레이딩해보면 좋겠다. 전황의 매매를 보면서 사고의 흐름을 파악하고 본인의 생각과 비교하면서 '나라면 이때 어떤 선택을 할까?' 고민해보면 좋겠다. 특히 전황과 성향이 비슷하거나 호흡이 느린 매매를 추구하고자 하는 예비 트레이더라면 나의 매매를 이미지화하여 자신의 것으로 녹이려는 시도 자체가 큰 도움을 줄 것이다. 굳이 내가 아니더라도 시장에서 오랜 시간 살아남아 있는 트레이더의 매매법을 내재화하려는 시도는 매우 훌륭하다. 첫술에 배부른 일은 세상에 없다. 나와 아무리 성향과 방향이 맞는 멘토를 찾는다고 해도 단 한 번의 배움에 모든 것을 흡수하긴 어렵다. 배움의 기회가 왔을 때 파고드는 노력이 필요하다. 나는 당신이 반드시 성장하는 트레이더가 되면 좋겠다는 생각으로 설명할 뿐이다.

두산에너빌리티의 일봉을 보면 완벽한 정배열 종목으로, 세계적인 트렌드의 중심에 있는 섹터다. 우리나라에서는 원전 대장주라고 볼 수 있고, 매일 단봉으로도 1조씩 거래대금이 터진다. 이런 종목은 몇십억 원어치를 사더라도 한두 호가에 다 소화할 수 있는 좋은 종목이다. 단기 고점을 형성한 후 20일선을 깨고 다시 올라오는 흐름이다. 내 경우 20일선을 이탈하면 우선 매매 대상에서 제외하지만 관심종목에 넣어 두고, 언제 거래대금을 터뜨리며 방향을 돌리는지 잘 관찰한다. 2025년 7월 15일, 오전부터 거래대금을 동반하며 20일선을 다시 돌파할 가능성을 예상할 수 있었다.

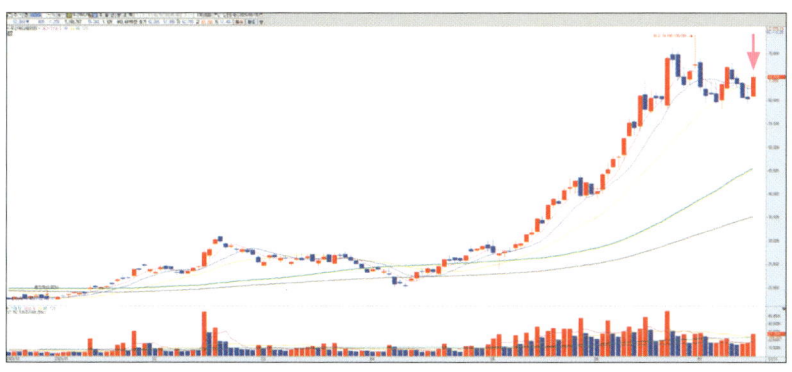

두산에너빌리티_일봉(2025년 7월 15일)

키움HTS_0186창_거래대금상위(2025년 7월 15일)

장 마감 후 캡처한 거래대금상위 화면이다. 두산에너빌리티는 오전부터 상위권에 있었고, 해당일 결국 삼성전자와 SK하이닉스의 거래대금을 제치며 1조 7,000억 원이 넘는 거래대금을 터뜨렸다. 이는 당일의 주도주였다는 뜻이며, 시장 트렌드와 부합하는 만큼 무조건 매매해야 하는 종목으로 볼 수 있었다.

두산에너빌리티_15분봉(2025년 7월 15일)

두산에너빌리티의 15분봉 차트를 보자. 60일선과 120일선이 역배열에서 정배열로 전환할 조짐을 거래대금과 프로그램 매수세로 판단할 수 있다. 이런 주도주는 20일선을 일시 이탈했다가도 거래대금이 실리며 재차 위로 돌릴 때 강한 반등을 보인다. 다만, 당일 새로운 호재 뉴스가 없었다는 점은 아쉽다. 만약 새로운 호재 뉴스까지 동반됐다면 당일 신고가를 돌파할 수도 있었을 것이다. 이처럼 뉴스 매매 역시 모든 조건이 완벽한 상태에서만 이뤄져야 한다.

두산에너빌리티의 당일 3분봉 차트를 보자. 앞서 말한 매수 구간을 살펴볼 차례다. 보통 주도주는 고점 대비 −2%를 크게 이탈하지 않는다는 전제를 두면, 어디서 매수할 수 있을까? 나는 이런 주도주에서는 현재 예수금 기준으로 원금 100%인 약 15억 원까지 분할 매수한다. 15억 원을 한 번에 집행하기보다 흐름이 멈추고 쉬는 구간에서 천천히 모아 간다. 이 종목처럼 급격히 슈팅하기보다 완만하게 움직이는 종목은 호가가 두텁고 체결이 안정적이라 여유 있게 매수와 매도가 가능하다. 이날도 −2% 구간을 거의 깨지 않으며 종가까지 안정적으로 우상향했다.

매수 당시 11시 50분경 프로그램 순매수 화면이다. 보통 종목은 오전에 슈팅을 주고 11시쯤 상승을 멈춘 뒤 하락하는 경우가 많지만, 이런 주도주는 11시 무렵 크게 눌리지 않고 지지를 보이며 프로그램 매수도 잘 유지해준다는 점을 기억해둬야 한다. 나도 11시 이후 1시간을 더 지켜보며 프로그램 매수와 매도가 어떤 방향성을 띠는지 관

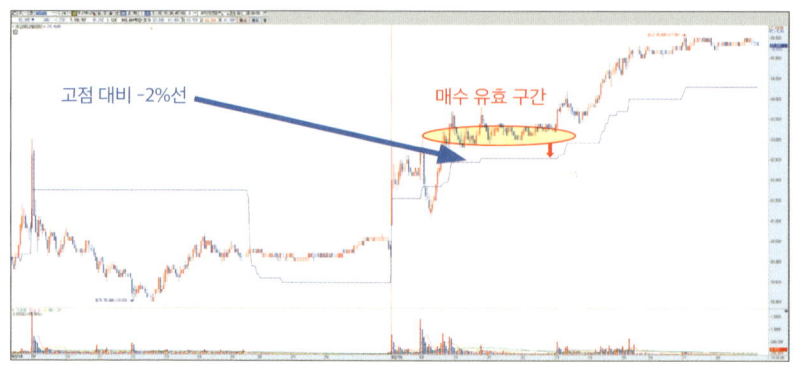

두산에너빌리티_3분봉(2025년 7월 15일)

키움HTS_0778창_종목일별 프로그램매매추이-두산에너빌리티(2025년 7월 15일)

찰한 뒤, 매수 유효 구간에서 15억 원을 매수했다.

 장이 끝난 후 프로그램 순매수를 보면 135만 주가 순매수됐다. 이렇게 시장 트렌드에 맞는 주도주는 매매가 무척 간단하며 크게 비중

키움HTS_0778창_종목일별 프로그램매매추이-두산에너빌리티(2025년 7월 15일, 장 마감 후)

전황 매매일지(2025년 7월 16일)

을 실을 수 있다. 이런 방식의 매매가 전황의 필살기 매매다.

두산에너빌리티 매매에서 아쉬운 점은 보통 다음 날 슈팅으로 2~3% 정도 더 주는 경우가 많은데 이번에는 시세를 주지 않았다는

5장 전황 대형주 추세추종 트레이딩, 실전

227

것이다. 하지만 기회는 늘 찾아온다. 수익이든 손실이든 묵묵하게 내가 정한 틀 안에서 주고받으면 된다.

대형주는 관심을 두고 몇 달 지켜본다면 전황이 설명한 말이 무엇인지 알게 되고, 확신이 생긴다. 손절매를 크게 하더라도 2% 이내이다. 수익을 볼 때는 그날은 매도하지 않고, 다음 날 슈팅에 파는 편이라 최소 5%에서 많게는 10% 정도의 수익을 보는 경우가 많다. 가끔 지인이 대형주 매매에 대해 묻는다. 매도는 어디서, 얼마를 수익으로 확보하느냐가 궁금한 모양이다. 내 경우 대형주 매도는 금액 기준이 아니다. 시장이 우리에게 얼마의 수익을 줄지 모르기 때문에 앞서 말한 손절 기준에 해당하지 않으면 그날은 무조건 보유해서 넘기고 다음 날 오전에 매도한다. 수익금이 얼마인지는 다음 날 오전이 되어 봐야 안다. '몇 % 수익에서 팔고, 어떤 눌림에 산다'와 같은 세밀한 기술 위주의 매매는 내게 큰 수익을 주지 못했다. 이런 기술적인 면만으로 매매하는 트레이더 역시 큰 돈을 벌기 어렵다(물론 재능이 있는 트레이더는 예외다). 종목의 움직임과 호가는 우리에게 수많은 정보를 주지만, 트릭이 많아 올바른 방향으로 해석하기 어렵다. 우리는 그 종목의 추세를 믿고, 그 기준 안에서 시장이 주는 만큼 수익을 취하고 감사히 나오는 것이다.

위와 비슷한 매매의 일종으로 조금 더 예를 들어보겠다. 역시 두산에너빌리티다. 어떤 이는 왜 다양한 종목 매매 예시를 보여주지 않느

나고 할지도 모르겠다. 이 책을 처음부터 차근차근 읽은 사람이라면 이미 나의 스타일을 알고 고개를 끄덕일 것이다. 전황의 대형주 추세추종 매매는 말 그대로 큰 흐름을 타는 강한 섹터의 대형주를 지속적으로 매매한다. 다시 한번 말하지만 전황의 종목 선정 방식은 세계적으로 뜨거운 섹터에서 재료와 이슈, 상대강도, 유동성(거래대금)을 바탕으로 찾기에 연중 관심종목이 크게 바뀌지 않는다. 이 말의 의미는 조건이 맞다면 얼마든지 매매의 기회가 찾아온다는 뜻으로 이해해야 한다.

2025년 6월 4~5일 두산에너빌리티 15분봉 차트를 보자.

시간이 지나 프로그램매수 화면을 기록으로 남기지 못했지만, 15분봉상 60이평선과 120이평선 정배열 초입 구간이 나타났다. 거래대금과 수급이 동반되며 상승한다면 매수해 보유를 이어가 볼 만하다.

2025년 6월 4~5일 두산에너빌리티의 3분봉 흐름을 보자. 주가 변동성이 고점 대비 -2% 구간에서 지지를 보인다. 당시 프로그램 매수

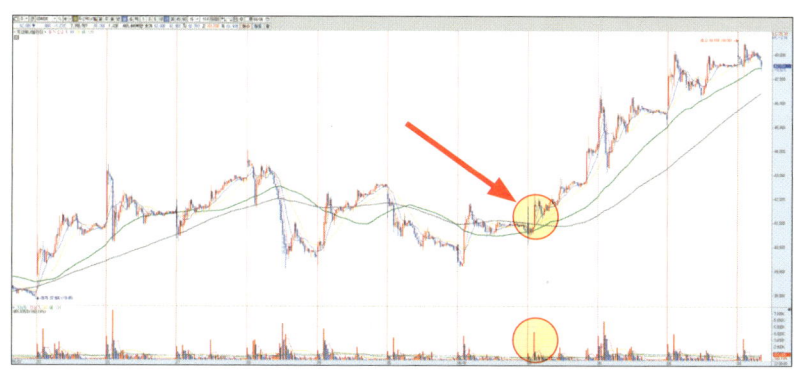

두산에너빌리티_15분봉(2025년 6월 4일~5일)

두산에너빌리티_3분봉(2025년 6월 4일~5일)

도 유입되며 실시간 조회 순위도 항상 상위권에 있다. 언제든 슈팅이 나와도 이상하지 않은 종목이다. 이때 지수가 하락하지 않는다면, 나는 매수하고 기다린다.

    나는 종목이 정해지면 추세가 깨지지 않는 이상 관심종목에 넣고 계속 지켜본다. 15분봉상 60일선과 120일선이 역배열이면 매매하지 않는다. 이들이 정배열로 바뀌면서 프로그램 매수와 거래대금이 동반되면 그때 다시 매매한다. 실제로 이런 종목을 매매해 보면 하루가 심심하고 느리게 느껴지기도 한다. 하지만 이렇게 수익이 나면 그 심심함은 충분히, 얼마든지 견딜 수 있다.

전황 매매일지(2025년 6월 4일~5일)

두산에너빌리티_3분봉(2025년 6월 16일)

나는 이 책에서 줄곧 프로그램 매수, 일봉의 위치, 15분봉상 60일선과 120일선의 정배열, 지속적인 유동성과 상대강도, 그리고 주가 변동성을 강조해 왔다. 위 차트는 2025년 6월 16일 두산에너빌리티의 3분봉 차트다. 두산에너빌리티를 계속 거래하는 이유는 한 번 추세를 만든 종목은 지속 관찰 및 매매의 대상이 되기 때문이다. 이 3분봉 차트에서 무엇을 느끼는가? 고점 대비 2% 내외의 움직임이 보여야 한다. 그래서 나는 오전에 매수한 뒤 그다음 날 수익을 실현한다. 그 이후에는 시장이 우리에게 얼마의 수익을 줄지 예상할 수 없으므로, 시장이 주는 수익을 온전히 취하는 데 집중한다.

이날은 운이 좋게도 두산에너빌리티에서 수익률이 10%에 달했다. 많은 투자자는 이런 수익률이 급등주나 테마주에서만 나온다고 생각하지만, 대형주에서도 충분히 나올 수 있다는 점을 강조해 말해주고 싶다.

SK이노베이션 진입과 청산

마지막으로 간단하게 SK이노베이션의 사례를 보자. 먼저 실적 기대감과 관련된 뉴스를 확인할 수 있다. 뉴스에는 실제 숫자가 찍혀있고, 구체적으로 내용을 파악할 수 있다.

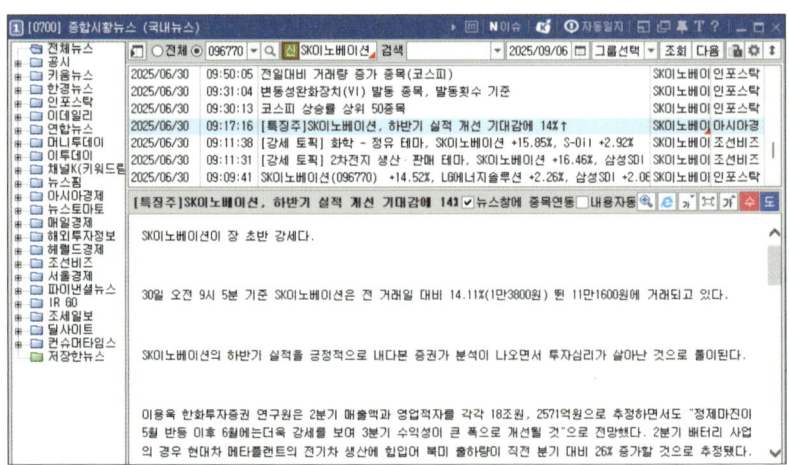

종합시황뉴스_SK이노베이션(2025년 6월 30일)

SK이노베이션_3분봉(2025년 6월 30일)

 2025년 6월 30일 SK이노베이션의 3분봉 흐름이다. 실적 개선 기대감 뉴스가 나오며 오전에 이상 급등을 보였으나, 오후 2시가 지나면서 호가는 두터워지고 프로그램 매수세가 세지는 흐름이 확인됐다. 내가 원한 주가 변동폭도 유지돼 매수에 가담했다. 이날은 다른 종목에서는 내가 설정한 변동성 범위를 이탈해 손절매했지만, SK이노베이션이 종가 고가로 급등하며 마감해 운 좋게 수익을 봤다.

전황 매매일지(2025년 7월 1일)

 주식시장에는 완벽한 타점과 기법은 없다. 내가 정한 루틴만 정확히 따르겠다는 점을 명심하고 매매에 임해야 하겠다.

5장 전황 대형주 추세추종 트레이딩, 실전

손절매의 노하우

　주식 매매를 하다 보면 누구나 고민하는 것이 손절매이다. 손절은 각자의 트레이딩 환경이나 스타일에 따라 다르다. 나는 주식으로 얻는 수익이 삶의 주된 수입원인 사람이라 손절이 필수이다. 결코 길어서는 안 된다. 나의 자산에서 10%를 넘는 손절은 필연적으로 뇌동매매를 부른다고 생각한다. 특히 복구 심리가 발동해 이후에는 투자자가 아니라 정신을 잃고 헤매는 도박꾼이 될 수밖에 없다. 나는 이를 늘 경계한다. 모니터 밖 세상은 햇볕이 좋고 화창한데, 눈이 충혈된 채 자산을 탕진하는 수많은 트레이더를 떠올려 본다. 마음이 동요할 때마다 "나는 그렇게 되지 않겠다"라고 다짐하고, 손절매를 한 날에는 특히 멘탈 관리에 힘쓴다.

그럼 단기 트레이더는 어떻게 손절매해야 효율적일까. 나는 매매가 많지 않은 편이라 비중이 크다. 보통 시황이 좋고 좋은 섹터가 나오면 2~3종목만 매수한다. 많아야 3종목이고, 그 이상은 관리가 어려우며 수익 효율도 떨어진다. 이 3종목 정도에 원금의 2배로 베팅한다. 즉, 미수를 사용한다는 뜻이다. 보유 기간도 대체로 3거래일을 넘기지 않으므로 미수 발생에 큰 영향이 없다. 이렇게 원금의 2배로 베팅할 때, 최악의 경우 손절 폭은 5% 정도다. 그러면 원금 기준 손실은 10%가 된다. 단기 매매에서 원금의 10% 손실은 다음 매매에 치명적이지 않으며, 내 방식으로는 이 수준의 손절이 연속해서 발생하는 일은 거의 없다. 그래서 그 변동성을 견디기 위해 중소형주보다는 대형주를 선호한다. 원금의 10% 손절은 최악의 경우이고, 그 전에 손절하는 기준은 다음과 같다.

NAVER_15분봉(2025년 6월 20일~26일)

5장 전황 대형주 추세추종 트레이딩, 실전

첫째, 종목의 고유 변동성을 이탈하는 흐름이 관찰될 때다.

예컨대 네이버의 경우 고점 대비 −2~−3% 수준에서 움직이다가 갑자기 −5~−6%로 확대되면 손절을 고민한다. 여기에 프로그램 매도가 수십만 주 규모로 이어지고, 지수에서 외국인의 대량 매도가 동반되면 일단 손절하고 흐름을 다시 관찰한다. 네이버의 2025년 6월 20일부터 26일 15분봉 흐름을 보자. 앞 구간에서는 −2~−3% 범위를 잘 지키며 상승했으나, 6월 24일부터 그 범위를 깨기 시작한다. 이렇게 내가 원하는 흐름이 깨지면 손절해야 하지만, 나도 사람이라 실수할 때가 있다.

전황 매매일지(2025년 6월 26일)

당시를 떠올려 보면 나는 네이버를 2천만 원 안팎으로 손절매할 수 있었다. 그러나 무언가 안일함 때문에 8천만 원이 넘는 금액을 손절했다. 누구나 실수하기 마련이고, 다시 마음을 다잡고 내가 정한 루틴을 실행하면 그만이라고 생각한다. 물론, 그날은 가슴이 너무 아파 잠도 제대로 못 잔 기억이 난다.

둘째, 섹터의 큰 악재이다.

예를 들어, 최근 트럼프 관세의 영향으로 반도체나 바이오가 하락하고 상대적으로 방산이나 조선 섹터가 주도하는 시장이 펼쳐졌다. 그때는 상대강도, 유동성, 차트, 수급 등 주요 지표가 방산과 조선 섹터에 우위를 보인다. 그런데 자고 일어나 보니 관세 방침이 완화되거나 시행이 연기되는 등의 소식으로 미국 증시가 급등했다면 어떻게 될까? 관세 영향을 상대적으로 덜 받던 방산과 조선은 뒤로 밀리고, 그동안 관세의 피해를 받던 반도체와 바이오가 상승한다면 전(前) 주도주였던 방산과 조선은 생각보다 크게 밀릴 수 있다. 이는 충분히 오른 종목군에서 차익 실현의 빌미가 생기고, 큰돈의 흐름이 다른 섹터로 옮겨 간다는 뜻이다. 이런 흐름은 초보자들이 수없이 겪어 봐야 체득된다. 텔레그램이나 블로그 같은 곳의 시황 뉴스를 꾸준히 찾아보며 연습하자. 이런 악재가 보이면 나는 미리 손절하는 편이다.

2025년에는 원자력, 조선, 방산 모두 상대강도가 높고 유동성이 큰 섹터다. 실적 기대감과 수주, 계약으로 인해 상승세를 이어 가고 있지만 큰 상승 이후에는 누구나 수익 실현 시점을 고민한다. 이때는 호재에는 크게, 악재에는 더 민감하게 반응하기 쉽다. '모든 사람이 좋아 보이는 주식'도 큰 상승 뒤에는 늘 조정이 온다. 악재가 발생하는지 주의 깊게 봐야 한다.

2025년 8월 1일, 풍산은 실적 기대감으로 크게 올랐던 종목이지만 실적 악재가 나오며 급락했다. 물론 시간이 지나면 주가는 회복해 상대강도와 유동성에 맞춰 다시 오를 수 있다고 보지만, 과열 구간에서

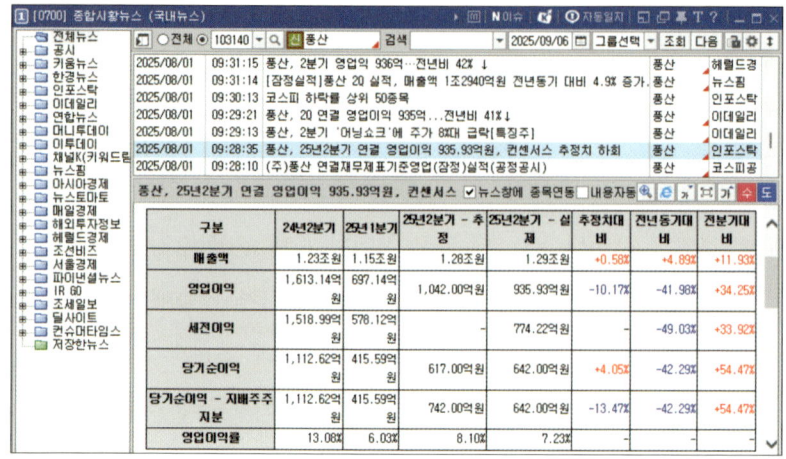

종합시황뉴스_ 풍산(2025년 8월 1일)

풍산_3분봉(2025년 7월31일~8월 1일)

터진 악재에는 늘 민감하게 대응해야 하며 빠른 손절이 필수다.

　당일 풍산의 악재가 같은 섹터인 한화에어로스페이스에도 함께 반영되는 모습이었다. 한화에어로스페이스의 악재가 아님에도 주가는 하락했다. 같은 섹터라서 내린 것인지, 숨겨진 악재가 있어서 내린 것

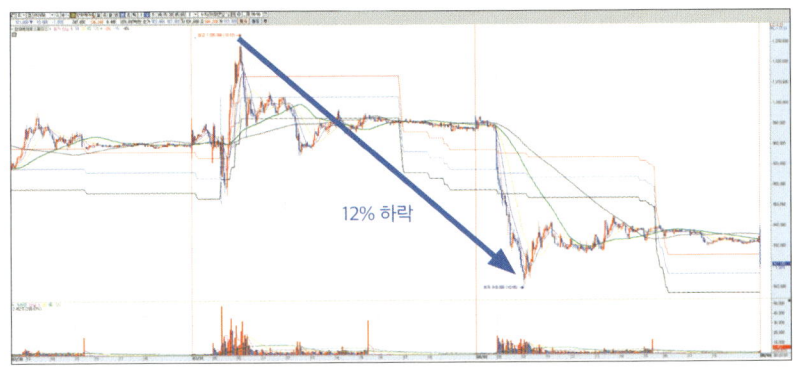

한화에어로스페이스_3분봉(2025년 7월31일~8월 1일)

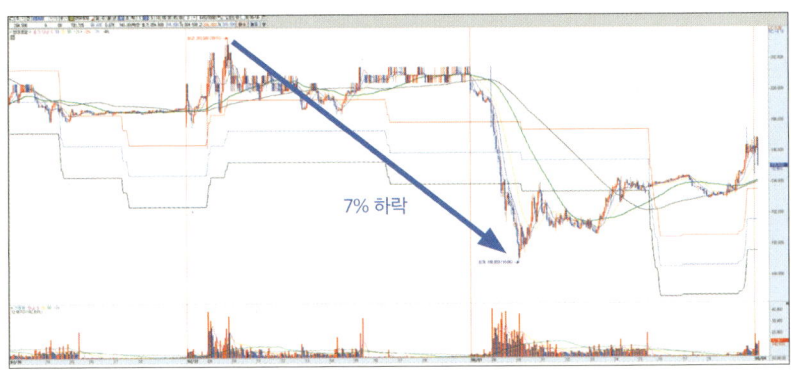

현대로템_3분봉(2025년 7월31일~8월 1일)

인지는 중요하지 않다. 무엇이 맞고 무엇이 틀린지 여부가 중요한 게 아니라, 과열 구간에서 나타난 급락은 인정하고 손절하는 편이 낫다. 시장에 순응해야 한다.

    방산주의 대장으로 보는 현대로템도 최근 해외 계약을 따내고 실적도 좋은데 함께 내린다. 섹터의 악재가 모든 종목에 반영되는 순간이다.

손절매는 충분한 손실을 본 뒤에 실행하기보다는 내가 생각했던 것보다 종목이 강하지 않을 때 하는 편이 낫다. 시장을 계속 관찰하다 보면 어느 정도 섹터의 강도를 느낄 수 있다. 전날 강세를 보였다는 이유로 매수했던 종목이 다음 날 지나치게 지지부진하다면 가볍게 손절하는 것도 방법이다. 우리는 강한 섹터이면서 차트상 위치가 좋은 자리에서 매매하므로 우리가 사는 종목은 늘 인기 있어야 하고 강해야 한다. 손절을 아쉬워하지 마라. 생각보다 더 좋은 종목과 기회는 금세 찾아온다.

큰 상승 다음에는
큰 폭락이

　나는 한 번 관심종목에 들어온 종목은 보통 3~6개월 정도 관종으로 등록해 둔다. 대형주의 경우 일봉상 60일선과 120일선이 골든 크로스로 돌아 정배열이 되면 그 흐름이 쉽게 깨지지 않기 때문이다. 이는 장기간 조정을 받은 뒤 이제 올라올 차례라는 뜻이기도 하다. 여기에 세계적인 트렌드까지 부합하면 더욱더 강력해진다. 로봇, AI, 방산, 조선, 원자력에서 그런 움직임을 최근에 계속 관찰할 수 있었다.

　앞서 설명했듯, 시장 트렌드가 맞는 섹터의 종목이 일봉 60일선, 120일선 정배열을 만들었다면 15분봉으로 그 움직임을 보며 매매한다. 15분봉에서 캔들이 120선을 이탈하면 매매를 멈추고 관찰 모드로 전환한다. 이후 한동안 15분봉의 60일선, 120일선의 이격이 줄어들어 다시 정배열을 만드는 구간에서 재진입한다. 반대로 일봉에서 20일선이 깨지면 조정이 길어지므로 후보군에만 넣어 두고 장이 끝난 뒤 한 번씩만 점검한다.

알테오젠의 일봉을 보자. 코스닥 대형주인 이 종목은 기술 수출 이슈로 2024년 내내 꾸준히 우상향했다. 초입에 사서 몇 달을 길게 가져가면 가장 좋겠지만, 나는 단기 트레이더로서 구간 구간의 수익 취하는 방식을 택한다. 앞의 기준으로 복기하면, 일봉상 60일선과 120일선 정배열 초입에서 15분봉의 60일선, 120선을 보며 매매할 수 있다. 통상 10번의 매매 중 8번 이상은 수익으로 마감할 수 있다. 그렇다면 언제 손실을 인정하고 멈춰야 할까?

나는 일봉상 20일선을 중요하게 본다. 차트의 동그라미는 20일선 이탈 구간이다. 보통 우리가 매매할 종목은 20일선을 이탈하더라도 반등이 잘 나오지만, 나는 그 반등을 노리지 않는다. 그냥 바보처럼 손절하고 관찰할 뿐이다. ①번 구간에서 매수해 신고가를 돌파할 때

알테오젠_일봉(2024년, 60일선과 120일선 정배열)

팔 수 있으면 얼마나 좋을까 싶었던 적도 한동안 있었지만, 우리가 주목해야 할 부분은 ②번 구간이다. 이 구간은 고점 대비 약 -40% 하락했다. 중간중간 어느 정도 반등을 하며 내려오겠지만, 하방 추세에서 짧은 반등을 먹는 기술적 매매만으로는 계좌가 성장하기 어렵다. 일봉만 보면 그 두려움이 상대적으로 덜해 보이므로, 15분봉으로 쪼개 관찰해보자.

15분봉 차트를 보면, 하루 동안 폭락과 같은 형태가 나타난다. 알테오젠 종목 보유자는 손절이 늦어지면 종목을 믿고 장기 보유로 돌리려 한다. 하지만 시장은 그 멘탈과 계좌를 그대로 가만두지 않고 끝까지 밀어버린다. 그러면 내가 가지고 있던 철학과 원칙은 무너지고 영혼이 병든다. 계좌만 무너지면 그나마 다행이겠지만, 가족을 책임지는 가장이라면 가정생활은 어떻게 되겠는가? 나는 이 부분을 주식에서 중점적으로 생각하고 늘 경계한다. 주식시장에서 돈 버는 방법을 모두가 연구하고 노력하지만, 이렇게 크게 한 방 맞을 때가 있기

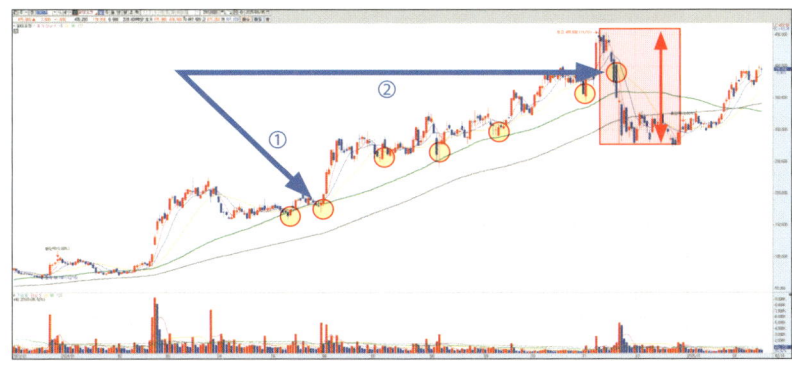

알테오젠_일봉(2024년, 20일선 이탈)

알테오젠_15분봉(2024년 11월~12월)

마련이다. 나스닥, 코스피, 코스닥 등 우리가 주로 보는 지수 차트를 보면 늘 똑같다. 큰 상승 후에는 큰 폭락이 있고, 폭락 후에는 큰 상승이 뒤따르기 마련이다. 추세가 좋고 크게 상승할수록 우리는 다음에 있을 그 큰 하락을 대비해야 한다. 그걸 양면으로 볼 수 있는 눈을 갖도록 의식적으로 노력해야 한다.

언제 수익을 확정하거나
손실을 인정하는가?

트레이딩 전략에 따라서 달라지는 손절매

나는 주식을 처음 배울 때 2% 손절 원칙을 따랐다. 그래서 종가베팅을 하고 난 다음에 2% 하락하면 곧바로 손절했다. 그렇게 매일 종가베팅을 하고 2%가 빠지면 곧바로 손절하기를 반복했다. 그러다 보니 내가 매수한 종목은 매일 2%씩 하락한 다음에 상승하곤 했다. 무려 14일 동안 나는 매일 2%씩 손절매하는 비운의 경험도 해봤다.

그만큼 과거의 나는 단순하고 무식했다. 물론 그러한 경험에 더해 더 심각한 상황도, 더 나은 상황도 겪으며 매매 철학이 점점 자리 잡기 시작했다. 특히 손절에 대해서는 확고하다. 손절은 처음 진입할 때부터 내가 정한 전략이 무엇인지 정확하게 파악하고 계획을 세워야 한다. 예를 들어 이 주식을 종가베팅하면서 10%의 기대수익을 갖고 접근한다 치자. 그러면 손절은 5% 정도 잡고 해도 된다. 반면에 기대수익이 3% 또는 그 아래일 경우 손절매 또한 2% 정도로 짧게 가져갈 필요가 있다. 손절매의 중요한 포인트는 매수한 이후가 아니라, 매수 전부터 기준점을 정해두고 진입해야 하는 것이다. 즉, 처음 진입할 때부터 손실을 볼 수 있는 금액을 생각해야만 한다.

내 경우 손실에 대해 매수하는 시점부터 이미 생각하고 접근하는 편이다. 보통 사람들은 트레이딩 과정에서 얻을 수익에만 높은 기대를 걸지만, 나는 손실에 대한 마음의 준비를 더 단단하게 하는 편이다. 수익에 대한 기대는 결국 손절을 망설이게 하는 요인이 된다. 수익에 대한 기대를 쉽게 놓지 못하니 손절매 타이밍을 놓치는 것이다. 막연히 아직 기회가 남아있다는 미련이 만드는 참사다. 트레이딩에 있어서 100%라는 것은 절대로 존재하지 않는다. 단지 우리의 승률이 60~70%만 돼도 이를 반복하면 수익이 날 수 있다는 것이다. 그러니 손실을 줄여나가면 궁극적으로는 계좌가 우상향하는 길이 열리게 된다.

그래서 항상 처음 매수에 임할 때, 내가 최대치로 얼마 까지는 시장에 내어줄 수 있다는 마인드로 접근하는 것이 좋다. 그렇지 않으면 수익은 길게 가져갈 수 없고, 늘 잦은 손절과 짧은 수익으로 손익비가 깨지는 매매를 하게 된다. 내가 감당할 수 있는 비중으로 최대 손실을 예측하고, 수익 또한 손익비에 맞게 어느 정도의 수익을 볼 것인지를 고려하고 진입해야 한다. 우리가 주식을 하는 이유는 바로 돈을 벌기 위한 목적임을 잊지 말아야 한다.

확실할 때는 3일도 기다릴 수 있어야 한다

주식 인생을 시작하고 정말 많은 인연이 스쳐 지나갔다. 여기서 중요한 건 '스쳐' 지나갔다는 것이다. 한때는 주변에 많은 사람과 함께 주식을 했다. 어느 순간 돌아보니 자연스레 한둘 떠나고 또 떠나더니, 거의 모든 인연이 사라졌다. 그들은 모두 함께 주식시장에서 웃고 울었던 사람들이다. 함께 성공했으면 좋았을 텐데 돌이켜 생각해보면 안타까운 마음이 든다. 하지만 그들을 보며 많은 것을 배우기도 한다. 사람은 때때로 자신의 실수만큼이나 타인의 실수를 통해 간접적으로 배울 수 있는 기회를 얻곤 하기 때문이다.

사실 그들의 공통점 중 하나는 짧은 매매만 집중했다는 점이다. 짧은 매매로는 시장에서 버티기가 쉽지 않다. 때로는 내가 선택한 '확신의 종목'에서 3일 정도는 홀딩해서 머무를 정도의 인내가 있어야 한다. 이건 생각보다 큰 수익을 얻을 수 있는 방법이다. 그렇게 수익을 내야만 실질적으로 계좌도 성장하고 수익률도 크게 올라온다. 조바심을 많이 내는 사람일수록 실수가 잦다. 잦은 실수는 실패로 이어진다. 그들은 대부분 오늘은 여기서 수익을 내고 내일은 저기서 수익을 내야 한다고 생각한다. 그래서 끊임없이 종목을 갈아탄다. 그런 경우에는 트레이더로 성장하기 쉽지 않다. 결국 힘든 순간에도 버텨야 한다. 수익을 낼 수 있을 때 크게 내야만, 훗날 자신이 깨지는 그 순간을 버틸 수 있다. 또한, 짧은 손실을 자주 경험하는 사람들은 실패를 자주 경험한다는 뜻이다. 실패를 자주 경험하는 사람일수록 성공과는 다른 방향으로 가는 사람이다. 실패를 겪더라도 충분한 인내와 함께 느리게 해야 하고, 성공 또한 1~2% 띄우기에 급급한 사람이 아니라 길게 추세를 먹어보는 경험이 필요하다. 다시 말해 주식 보유 시간에 공을 들여야 한다.

손실의 순간을 견디기 힘들어서 손절하고 다른 종목을 찾아다니는 사람은 그 손절의 순간도 견디지 못할 만큼 인내심이 부족하고 불성실한 자세를 가진 트레이더라고 말해도 과언이 아니다. 감인대堪忍待라는 말이 있다. 참고, 인내하며, 기다린다는 뜻이다. 돈이 드는 것도 아닌데 눈 한 번 꼭 감고 참는 게 뭐 그리 힘든 일일까? 물론 나도 100% 인내하는 사람은 아니다. 그러나 인내를 통한 수익을 경험해본 사람은 인내가 얼마나 효율적인 도구인지를 깨달을 수 있다.

그래서 손절은 추세가 깨지는 것을 확인하고 해야 한다. 앞에서 이야기해온 것과 일맥상통한다. 처음 정한 전략에 '어느 지점까지는 버텨보겠다'라는 내용이 있다면, 그 전략을 끝까지 지켜내야 한다는 거다. 하지만 대게 잘못된 습관 때문에 해당 지점까지 버티지 못하고 손절매해버린다. 경험상 처음 정한 전략을 중간중간 수정하다 보면 결국 자기 매매의 개념을 잊어버리게 되는 경우가 많다. 나의 경우 한 번 진입했을 때 처음 목표했던 곳까지 끝까지 완주하든가, 아니면 내가 정한 곳이 깨졌을 때 손절하는 두 가지 중 하나를 선택한다. 끝까지 완주해서 수익을 내면 좋겠지만, 손절의 경우에도 끝까지 버텨서 손절 지점에 닿았을 때 확인하고 받아들인다. 비록 금액이 크더라도 말이다. 왜냐하면 그건 내가 정한 전략이었으니까.

최후의 방어선을 지키는 금액 손절

보통 손절매할 때 3% 또는 5% 정도에서 자르는 경우가 대부분이다. 하지만 때로는 내가 레버리지를 활용해 꽤 많은 주식을 홀딩하고 있을 때가 있다. 이때 보유 종목을 일괄 5% 손절하게 된다면 이야기가 달라진다. 나는 레버리지를 최대한으로 써 원금의 2배(현금이 1억이라면 미수 1억을 포함해 2억을 홀딩하고 있는 상태) 정도를 가지고 있을 때, 내 자산의 10%를 초과하는 손실이 발생하면 뒤도 돌아보지 않고 손절한다. 1억이 내가 가진 현금의 최대치라면 1,000만 원을 내가 잃을 수 있는 최대치로 정해둔다. 그 이상의 손실이 발생하면 눈물은 흘리되, 뒤는 돌아보지 않는다. 당연히 나도 잃고 싶지 않다. 하지만 트레이딩에서 잃지 않을 때는 잘 없다.

때로는 어떤 이슈로 내가 생각한 것보다 시장이 더 안 좋을 수 있다. 그럴 때는 손실이 훨씬 커질 수밖에 없다. 2008년 금융위기, 2013년 유럽 재정위기, 2020년 코로나 등 최근 굵직한 사건들만 해도 엄청나게 강력한 이슈들이 있었다. 매년, 매월 별의별 이슈가 주가 하락을 만들어낸다. 악재는 어쩔 수 없는 순리다. 다만 그 순간들을 효율적으로 견뎌내고 넘긴다면 항상 큰 기회가 찾아온다. 기회가 왔을 때 자금이 없다면 기회를 잡을 수 없다. 그래서 손실이 일정 금액을 넘어가면 금액 기준 손절을 해야만 한다. 결국 현금이 가장 중요한 무기가 되기 때문이다. 결국은 살아남아야만 우상향의 목표를 실현할 수 있다.

위에서 언급했듯 내 주변에는 과거 함께했던 주식 친구들이 거의 남아있지 않다. 간혹 나는 주식이 사람의 관계를 참 서글프게 만드는 원인이라 생각한다. 다 같이 잘 나갈 때는 그저 좋다. 하지만 상대가 큰 손실을 입었다는 얘기를 듣거나 분위기를 보면, 그 순간부터 어색해진다. 위로를 하는 것도, 도움을 줄 수도 없다. 서로 연락하기가 데면데면해지다가 자연스레 멀어진다. 물론 갑자기 사라지는 경우도 많다.

주식은 자신이 옳음을 증명해나가는 길이다. 틀렸을 때는 겸허히 받아들이고, 다시 수정해서 앞으로 나아가야 한다. 하지만 많은 이들은 과거의 성공에 집착하는 우를 범한다. 그때 성공했던 방법에 대한 미련을 놓지 못하고, 시장이 바뀌었음에도 같은 방법을 적용하려 애쓴다. '그땐 옳았으나 지금은 틀리다'는 사실을 쉽게 받아들이지 못한다. 폭풍 같은 계좌의 우상향만이 살길은 아니다. 때로는 조금 완만해도 된다. 그렇게 해서라도 어려운 시기를 버티면 된다. 그래야 다음 상승세가 나를 맞이할 수 있다는 걸 잊지 말아야 한다.

나는 사실 내 실수와 틀림을 신속하게 인정하는 편이다. 때로는 나의 생각이 맞을 때도 있지만, 틀리는 경우가 더 많다. 문제는 틀렸을 때 어떻게 극복하느냐에 달려 있다. 주식에서의 타격은 결국 금전적 손실이다. 이미 잃은 돈은 되돌릴 수 없다. 지나간 시간을 되돌릴 수 없다. 다음 단계로 나아가지 않으면 그 돈을 아무도 내게 돌려주지 않는다. 그러니 그 타격에 집착해 얽혀 있을 필요가 없다. 이미 지나간 일이니 우리는 앞을 고민해봐야 한다. 1,000만 원이던 시드머니가 500만 원으로 줄었다면, 나는 이제 500만 원의 시드머니를 갖고 매매를 할 뿐이다. 나는 여전히 시장의 한가운데에 놓여있고 주식을 영영 포기하지 않을 거라면, 트레이더로 사는 것밖에는 길이 없다. 아직 인생은 길다. 트레이더로서 살아가야 할 날도 길다. 방향을 전환하지 않는 한 이 안에서 극복하고 답을 찾아야 한다.

해마다 정말 뛰어난 천재 트레이더들이 존재한다. 몇백으로 몇억을 벌었다는 소문이 많이 들려온다. 부럽다. 하지만 10년 뒤에도 그들이 남아있을까? 10년 전 온 커뮤니티를 들썩이게 했던 스타 트레이더들은 모두 어디에 가 있는가? 오랫동안 꾸준히 성적을 만들어내는 사람, 그들이 진정으로 강한 사람들이다. 당신도 강해질 수 있다. 10년 뒤에도 매일 시장을 욕하겠지만, 여전히 전업트레이더로 살아가고 있다면 당신은 충분히 강한 사람이다. 그건 스스로가 증명해내야 할 몫이다.

6장

끝까지 살아남는
트레이더의 공부법

TREND FOLLOWING

WITH LARGE-CAPS

특정 매매 패턴이
항상 시장에 먹힐까?

 주식 매매를 시작하면 누구나 공부를 한다. 실제로 돈을 벌거나 잃어보니 나름 재미가 있다. 찾아보면 이 사람도 저 사람도 돈을 벌어 좋은 집에 살고, 좋은 차를 타고 다닌다는 이야기가 들린다. 요즘은 SNS나 유튜브를 통해 더 많은 것들이 공유된다. 주식을 하는 사람들은 결국 이렇게 빠져들어 '어떤 기법'을 찾는다. 초기에는 누가 어떻게 버는지 보는 일이 중요하다는 점은 틀림없다. 그러나 여기에 중독되어서는 안 된다. 주식으로 돈을 번다는 건 이론 공부가 아니라 '나와의 싸움'이자, 성찰이다. 주식에는 정답이 없고, 실제로 돈을 벌어오는 사람이 답이다. 즉, 계좌가 답이다. 각종 교육 프로그램이나 '고수'가 알려주는 기법이 쓸모없는 건 아니지만, 시장에 따라 변하기 마련이므로 절대 맹신하거나 그들의 말을 무조건 따라서는 안 된다. 다만, 어느 정도 지름길을 안내할 수는 있다. 자신과 매매 성향이나 지향점이 비슷하다면 분명 실력 향상에 도움을 줄 수 있다. 핵심은 무언가를 배워도 이를 얼마나 나의 것으로 내재화하느냐에 달려 있다는 것이다. 게다가 배우는 사람마다 배경지식, 경력, 경험 등 많은 차이가 있을 수밖에 없다. 특히 무엇보다도 중요한 시장 경험은 온전히 스스로 겪으며 체화하는 것이지, 어떤 고수가 수많은 유형의 사람에게 일방적으로 주입할 수 있는 무언가가 아니다. 사실 이건 상식일지도 모른다. 자신의 아이가 유명한 선생님이 가르치는 학원에 가도 재원생 중 어떤 아이는 뛰어난 실력을 뽐내지만, 또 다른 어떤 아이는 여전히 공부에 발전 없이 헤매고만 있을 수도 있지 않은가? 공부에 관한 열정, 동기, 끈기, 시험 경험 등의 편차가 모두 다르므로 어떤 교육이 일방적으로 쓸모가 없거나, 반대로 엄청난 효용이 있다고만 말할 수 있는 것도 아니다. 하지만 '배운다'의 관점에서 검증된 사람의 가르침은 결코 자신에게 마이너스는 아닐 것이 보편 상식으로 자명하다.

처음 주식을 시작할 때는 장세에 따라 기법의 '잘 맞고 안 맞고'가 갈린다. 운 좋게 유동성이 넘치는 '불장'에 들어와서 어떤 기법을 써도 몇 달간 큰 수익이 날 때가 있다. 하지만 주식 매매는 충분한 경험을 쌓는 시간이 필요하다. 그때 자만하면 더 큰 재앙으로 다가올 수 있다. 반대로, 운 나쁘게 좋지 않은 장세에서 시작한 사람은 어떤 기법도 통하지 않는 경험을 하며 주식의 무서움을 먼저 배운다. 무엇이 좋고 나쁜가의 문제가 아니다. 내가 말하고 싶은 건, 장세에 따라 기법도 달라진다는 점이다.

지금 이 원고를 쓰는 시점은 2025년 여름이다. 정권이 바뀌었고, 정책 기조가 '코스피 5,000 시대'라는 큰 희망을 내세우고 있다. 나는 긴 어둠을 지나 이제 빛을 보기 시작한 시점이라 본다. 그렇다면 이런 유동성 장세에서 시황이 어떻게 전개될지, '세 단계'로 설명해보겠다.

Stage 1

보통 하락이 끝나고 시장이 반등하는 구간이다. 이 구간의 특징은 전체적으로 상승하는 종목이 많아지고 순환매가 강하게 발생한다는 점이다. 이때 따라가는 매매를 하면 내가 매수한 종목은 정작 잘 올라오지 않는다. 아침에 좋은 뉴스를 띄우며 급등하는 척하다가 급락하고, 또다시 고점에 붙여놓는 식의 큰 변동성이 반복되므로, 종목에 대한 뷰가 없으면 손절만 하는 경우가 많다. 이럴수록 주도군 3개 정도를 잡아 홀딩하며 시간을 보내야 내 계좌도 함께 올라간다. 양봉 매매보다는 단봉이나 시세가 나지 않을 것 같은 종목을 홀딩해 기다리는 매매가 필요하므로 주로 '음봉 기법'이 통하는 시장이다. 나는 음봉 기법은 하지 않기 때문에 다루지 않는다.

Stage 2

순환매 장세를 거치다 보면 시장이 정해주는 주도 섹터군이 나오고, 서서히 쏠림이 강해지면서 주도주만 살아남는 시장으로 간다. 지난 2025년 6월 우리가 앞서 살펴본 NAVER, 카카오, SK하이닉스 등이 시장에서 집중을 받으며 그들만 오르는 쏠림이 극심해지는 구간이다. 보통 트레이더들이 양봉 매매나 종가베팅으로 크게 수익을 얻는 구간에 속한다. 이 구간에서는 음봉 기법이 통하지 않으며, 음봉에서 매수한 종목이 하락장처럼 심하게 내려가는 경향이 있다. 지수도 좋고 종목들도 힘이 있어 보이는데 내 종목만 힘없이 내려가 FOMO[Fear Of Missing Out]가 오는 경우가 많다. 또한 이런 시장에서는 장대양봉과 거래대금을 동반한 다음 날, 음봉 구간에서 피보나치 등 보조지표를 활용한 매매도 수익을 잘 주는 편이다.

Stage 3

2단계를 넘어가면서 어느 순간 주도주를 제외한 나머지 종목들의 시세가 둔화하기 시작한다. 이 구간에서는 '눌림 매매'를 하는 사람들(음봉 매매 기법)이 계속 받다가 계좌에 큰 타격을 입기도 한다. 반등은 보통 주도주군이 20% 이상 하락해야만 나오기 시작한다. 최근 2025년 7월 1주 차가 이 구간이었다. 그리고 하락이 과해지면서 투매가 나오면 다시 1단계가 시작된다.

이렇듯 시장은 어느 정도 짜임새 있게 돌아간다. 이는 그냥 주식시장에서 시간만 보내서는 보이지 않고, 큰 그림으로 봐야 한다. 그 '큰 그림'이란 세계적인 트렌드와 자금이 어느 쪽으로 유입되었다가 다른 곳으로 옮겨 가는지를 관찰하는 일이다. 단순히 당일당일 급등 종목이 몇 % 올랐는지, 거래대금이 얼마인지, 5일선, 10일선, 20일선 반등 통계 내기 정도만으로 공부의 한계를 두면 실력은 절대 발전하지 않는다.

위의 단계를 명확히 구분하고, 내가 배운 혹은 내가 만든 기법이 어느 단계에서 통하는지 고민해보자. 그래야 기법의 쓸모가 생긴다. 무턱대고 당일 상황만 보며 기법을 적용하는 일은 배가 침몰하는 줄도 모르고 아무런 준비 없이 최후를 맞이하는 것과 같다.

주식 공부에
효율이 필요한 이유

　주식 매매를 하는 이유는 무엇일까? 트레이더라면 목적은 같다. 돈을 벌기 위한 수단이다. 그런데 주식판에 한번 들어오면, 어느새 나도 모른 채 그 안에 갇히기 쉽다. 몇 년이 지나면 습관처럼 매매를 하고 있다. 그 습관에는 돈을 버는 습관도 있고, 잃는 습관도 있다. 한 번 길들여진 습관은 쉽게 고치기 어렵다. 주식이 어려운 이유는 올바른 방향으로 가야 하기 때문이다. 그 방향을 잘 잡으려면 언제는 침착해야 하고, 언제는 과감히 달려야 하는지 아는 것처럼 자신의 속도를 지켜야 한다. 하지만 대부분의 투자자는 열정만으로 무턱대고 달린다. 어떤 사람은 재무제표를 파고들며 머리 아픈 공식을 공부하고, 또 어떤 사람은 차트와 거래대금을 들여다보며 과거 차트를 통계로 해석한다. 공부의 양이 쌓이면 자신감이 붙기도 하지만, 그 틀에 갇혀 다른 면을 보지 못하기도 한다. 내 주변에도 차트 매매에만 갇힌 사람이 꽤 있다. 아무리 시장을 보라고 말해도 듣지 않으려 하고, 사고가 경직되어 있다. 젊은 사람은 변화를 시도하지만, 40대 즈음이 되면 그 습관이 곧 '자기 자신'이 되어 생각의 전환이 쉽지 않다.

전업투자를 10년 이상 하면서 느낀 점은 늘 '자신을 버릴 줄 알아야 한다'는 것이다. 주식은 크게 버는 시절도 있고 크게 잃는 시절도 있다. 그 시절마다 내가 공부했던 방식을 버릴 줄 알아야 한다. 특히 '잘 벌 때' 익힌 그 방식을 내려놓아야 한다. 시장은 변하므로 단 한 가지 매매와 한 가지 철학만으로는 변화하는 시장을 따라잡기 힘들다. 내가 벌 수 없는 시장임을 인정하고 쉬다가, 내가 공부한 방식이 통하는 시장이 오면 그때 벌 수 있으면 좋을 듯하다. 하지만 그런 사람은 극히 소수다. 대다수는 마음의 여유도, 상황도 넉넉지 않다. 중요한 포인트는 내가 젊음을 바쳐 쌓은 공부가 지금 시장에서 통하지 않는다면, 과감히 버릴 줄 알아야 한다는 것이다. 그런 실행력은 늘 깨어있고 열린 마음에서 나온다. 내 경우 지금은 월 '억대' 수익을 내는 트레이더가 됐다. 물론 언제 또 깨질지 모른다. 그래도 블로그, 유튜브, 카페 등에 올라오는 타인의 매매일지를 항상 본다. '지금 시황에서 통할 매매인가'라는 질문을 스스로에게 던진다. 그러다 보면 아이디어가 떠오르고, 내가 하지 말아야 할 부분도 정리된다. 이것이 주식투자에 필요한 '사색의 시간'이고, 나를 점검하는 중요한 공부다. 주식 공부를 책상 앞 '학문'처럼만 대하는 태도는 실제 수익과 비례하지 않는다는 점을 명심해야 한다. 때로는 주식을 생각하지 않고 쉬는 것이 수익을 위한 가장 좋은 방법일 때도 많다.

주식을 한다는 것은 시대의 흐름을 빨리 감지하는 일이다. 누구보다 예민하게 반응하고, 생각의 전환이 필요하다. 요즘 AI가 삶을 바꾸고 있다. 그중 일반인도 쉽게 접할 수 있는 것이 ChatGPT다. 어떤 질문도 받아주고 찾아주는 만능 사전 같다. 나는 ChatGPT가 처음 나왔을 때 환호성을 질렀다. 주식 공부에 드는 시간을 크게 줄여주고, 빠른 판단의 열쇠가 된다고 느꼈기 때문이다. 이를 통해 섹터의 최신 정보와 향후 발전 가능성을 살피고, 종목별 이슈와 재료 일정까지 단번

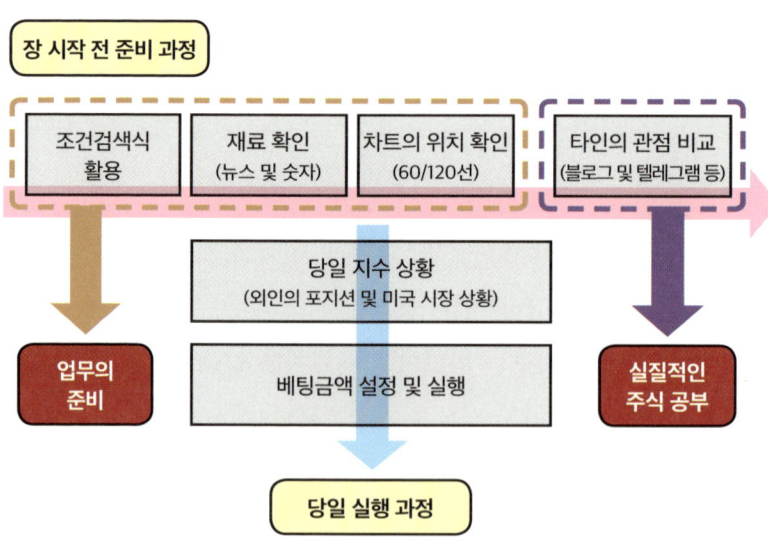

장 시작 전 준비 과정과 실질적인 주식 공부

에 찾아볼 수 있다. 예전에는 기사 하나하나를 뒤지며 한 종목의 재료 파악에만 반나절이 걸렸다면, 이제는 30분이면 끝난다. 이런 도구를 우리는 잘 이용해야 한다.

사실 나는 앞에서 종목 선정 방법을 설명하며, 도식을 통해 주식 공부를 더 효율적으로 하는 법을 보여줬다. 흔히 말하는 재료 확인과 차트 공부는 우리가 하는 주식 매매 업무의 '준비 과정'일 뿐, 그 자체가 실질적인 공부는 아니다. 깨어 있는 공부는 타인과의 관점 비교 즉, 시황 공부이며, '살아 있는 주식'과 발맞추는 과정이다.

주식은 어렵다고 하면 끝없이 어렵고, 간단하다고 보면 아주 단순하다. 현재 시장에서 강한 종목(당일 거래대금, 상승률 상위)의 그 섹터가 얼마나 이슈인지 기사를 통해 판단하고, 내가 설정한 매매 구역에서만 매매하면 된다. 좋은 공부는 혼자 차트를 분석하고 기사를 읽고 기업을 해부하는 데서 끝나지 않는다. 타인과의 의견 교환이 핵심이다. 주변에 함께할 지인이 있다면 좋고, 없어도 유튜브, 텔레그램, 블로그를 통해 타인의 관점과 내 관점을 비교해보고 주가의 흐름을 관찰하면 된다.

여기서 상당히 주의할 점이 있다. 타인의 관점을 보다 보면 계좌를 공개한 사람을 보고 '저 사람은 고수야, 내 롤모델이야'라고 단정하고 따라서 매매하고 싶어질 때가 있다. 즉각 타인의 매매를 따라 하지는 말자. "저 사람은 왜 그 자리, 그 순간에 매수했을까?", "저 사람의 전략은 무엇일까?"를 질문하라. 차트 패턴을 외우기보다는 다른 트레이더가 어떤 상황에서 벌고 잃는지, 새로운 참여자가 언제 유입되는지, 손절은 어디서 비롯하는지를 깊게 생각해 볼 필요가 있다. 시대는 변했고 정보는 넘쳐난다. 이 혜택을 적극적으로 활용해서 주식 공부에 생기를 불어넣자.

베팅 방법론과 계좌 관리의 중요성

주변에서 늘 받는 질문 중 하나가 베팅 방법이다. 어떻게 130만 원으로 생활비를 충당하면서 20억 원 넘는 수익을 냈는지들 많이 묻는다. 소액에서 올라온 건 레버리지(미수)를 적극 활용했고, 그걸 복리로 베팅했기 때문이다. "레버리지 베팅이 위험하지 않나?"라고 많이 묻기도 한다. 당연히 위험하다. 그래서 큰돈을 벌거나 모든 자산을 잃을 수도 있다. 하지만 세상에 리스크 없는 일은 없다. 그렇다고 전 재산을 베팅하라는 뜻이 아니다. 상황이 되면 적당한 투자금으로 감당할 수 있을 만큼만 레버리지를 일으켜 투자해 보길 권한다. 레버리지를 약으로 써야 하는 것이지, 결코 독으로 써서는 안 된다. 레버리지 없이 현금만큼만 사서 큰돈을 벌겠다는 건 극히 드문 일이다. 지금까지 주식을 하며 그런 사례를 거의 보지 못했다. 애초에 나 역시 여유로운 집안에서 태어났다면 주식을 하지 않았을지도 모른다.

그럼 내가 생각하는 베팅 방법을 말해보겠다. 대부분 투자자가 천만 원 정도의 투자금으로 시작한다고 가정해 예를 들어보겠다.

① 돌파 매매 시 풀베팅 (한 타점 천만 원)
② 돌파 매매 시 분할베팅 (첫 타점 300만 원, 두 번째 300만 원, 세 번째 400만 원)
③ 눌림 매매 시 분할베팅 (첫 타점 300만 원, 두 번째 300만 원, 세 번째 400만 원)

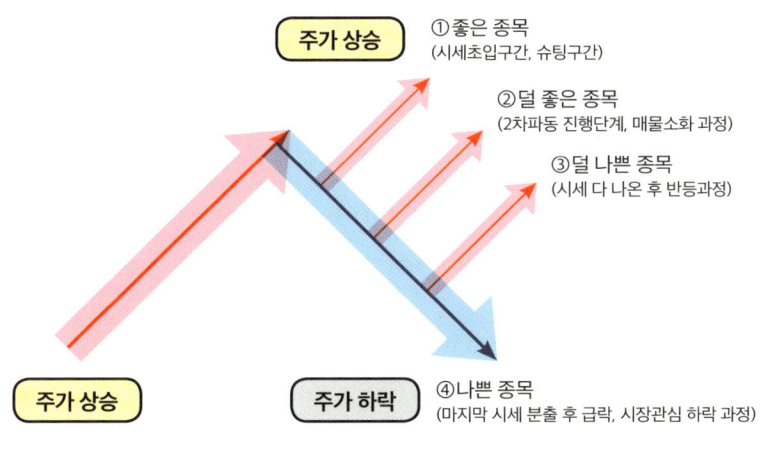

전황의 베팅 방법론

위의 그림을 보자. 좋은 종목은 상승하다가 잠깐 눌려 ①번 구간 정도의 흐름에서 재차 상승한다. 운이 좋게 그 구간에서 바로 반등하면 큰 고통 없이 수익을 얻을 수 있다. 하지만 상승 후 잠깐 눌림 구간에서 매수했는데 ④번 구간까지 떨어진다면 어떻게 될까? 단기 트레이더는 크게 물리면 안 된다. ①번 구간에서 ④번 구간까지 물려 있다면 그것은 종목 선택이 잘못된 것이다. 그 잘못을 인정하고 곧바로 손절해야 하지만, 그렇지 못한다면 트레이더로서 자질이 없는 것이다.

물론 어떤 이는 ①, ②, ③, ④번 구간에서 모두 분할로 사서 반등을 먹는다고 해도, 구간마다 비중이 나뉘므로 결국 좋은 종목에서는 적은 비중으로 수익을 보고 나쁜 종목에서는 비중이 커져 손실을 키우기 쉽다. 만에 하나라도 손절하게 되면 트레이더로서의 삶이 크게 퇴보한다.

나는 이 점에 집중한다. 그래서 스스로 어떤 구간에서 어떤 비중으로 매매할지 기준을 정하고, 그것을 지켜나가는 데 온 정신을 쏟는다.

오른쪽의 차트를 보면 어떤 생각이 드는가? 주로 차트매매(음봉매매)를 하는 사람들은 통계를 바탕으로 매매한다. 그래서 승률이 70~80%가 보통이다. 하지만 남은 20%에서 저런 종목을 만나면, 여러 종목에서 벌었던 것을 한 종목에서 모두 토해 내고 멘탈까지 깨지기 마련이다. 그렇게 멘탈이 무너지면 비중이 커지고, 눈이 시퍼렇게 달아오른 도박꾼이 되기 쉽다. 그렇게 되지 않으려면 애초에 그 매매가 가진 '보이지 않는 단점'에 집중해야 한다.

그럼 각 구간의 매매 장단점을 살펴보자.

① 돌파 매매 시 풀베팅

- **장점:** 매물대에 물량이 많아 한 번에 큰 물량 베팅이 가능하다. 투자금이 어느 정도 쌓이면 수익률보다 '수익금'이 중요해지므로, 상황 판단에 따라 비중 베팅을 할 수 있다는 점이 강점이다.

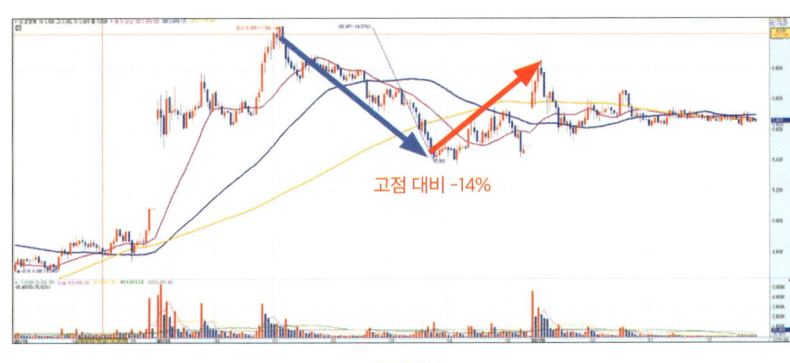

인성정보

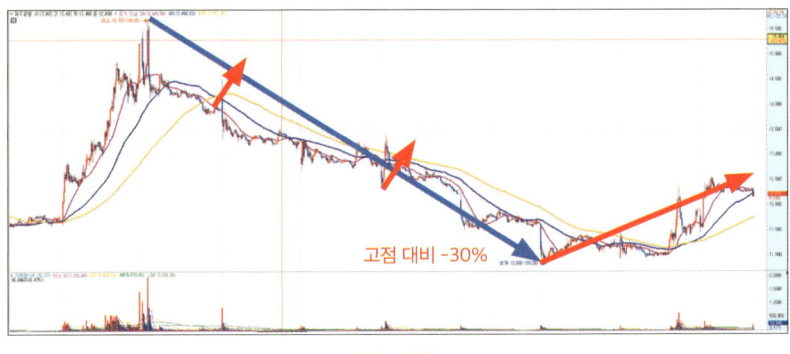

제주은행

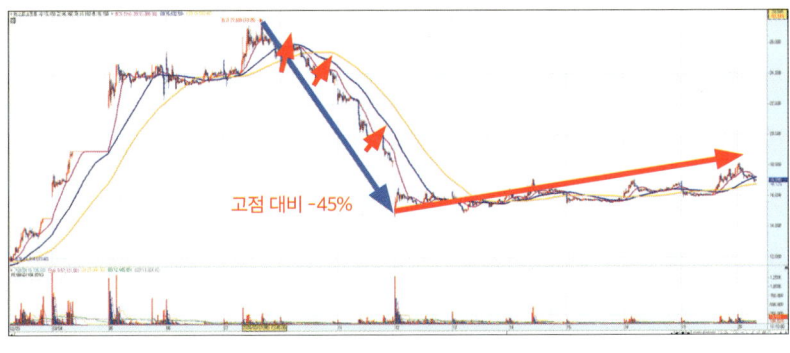

에스피소프트

6장 끝까지 살아남는 트레이더의 공부법

일반적인 매물대 돌파도 있지만, 상한가 따라잡기가 대표적인 예다. 돌파매매(스캘핑 포함)는 소액으로 크게 성공한 트레이더들이 많은 영역이기도 하다.

- **단점:** 찰나의 순간을 감지해야 하므로 장중 피로감이 크고, 나이가 들수록 체력, 판단력 저하로 평생 지속하기 어렵다. 순간 판단이 많아 뇌동매매 습관이 붙기 쉽다. 초보자는 뇌동으로 인해 한 달간 꾸준히 벌다가 2~3일 만에 수익금을 다 반납하고, 계좌가 마이너스로 전환되는 경우가 잦다. 나와 주변 지인들의 경험이다. 내가 돌파매매를 주로 했다면, 힘든 시간을 오래 겪었을 가능성이 크다. 돌파매매는 타고난 재능의 영역이라고 본다. 빠르게 깡통을 맞고 나서 크게 성장한 트레이더들이 주로 보인다.

② 돌파 매매 시 분할 베팅

- **장점:** ①의 단점을 보완한다. 한 타점 '몰빵'이 아니라 돌파에서 1차, 눌림에서 2차, 그 이상 나눠 사면 고점 눌림을 견디기 수월하다. 시장이 강할 때, 강해 보이는 종목을 분할로 여러 개 동시에 공략할 수 있어 소외의 가능성도 적다.
- **단점:** 분할 베팅의 월 기대수익은 대개 10~20% 수준(미수 사용 시 20~50% 가능). 하지만 일봉으로 보면 고점 부근에서 매수한 셈이라, 추가 하락 시 분할이 계속 붙으며 한 번의 실수로 깡통을 찰 수 있다. 전업이라면 생활비까지 위협받을 확률이 사실상 100%다.

③ 눌림 분할 베팅

- **장점**: 계좌 대비 적은 비중으로 접근하니 심리적으로 안정적이다. 시장이 좋든 나쁘든 '꾸준한 소액수익'을 만들기 쉽다. 실현손익이 매일 빨갛게 찍히니 기분도 유지된다.
- **단점**: 내가 실제로 본 사례 중 눌림 분할 베팅만으로 장기적으로 큰 성과를 낸 계좌는 없었다. 차트매매 위주 강사들도 대개 이 방식을 말하지만, 본인 계좌 수익률은 시원하게 공개하지 못한다. 실현손익은 플러스로 보이더라도, 무엇에 '물려' 있는지는 알 길이 없다. 보통 한 달 수익률 기대값은 원금 대비 10% 내외라 성장이 제한적이다. 기대값을 높이려 미수, 신용을 쓰면 지수 하락 구간에 깡통 위험이 커진다.

정리하면, 돌파 매매의 일종인 상한가 따라잡기로 성공한 사람들은 분명 있다. 핵심은 비중을 과감히 신기 때문에 손익비가 맞는다는 점이다. 절제된 매매로 횟수를 줄이면 효과적일 수 있다. 다만 상따는 매매 피로감, 순간 판단, 뇌동 리스크라는 치명적 단점이 있다. 이를 극복하려면 많은 시간과 경험(=잃을 돈)이 필요하고, 장세가 받쳐주는 기간도 1년에 많아야 한두 달이다. 반면, 눌림 매매만으로 장기 성과를 낸 사례는 나는 보지 못했다(내가 알고 지낸 트레이더들 기준). 물론 어딘가엔 있을 수 있으나, 10년 넘게 전업으로 살며 오프라인 모임까지 다녔어도 실제로 확인하진 못했다. 그래서 나는 내게 맞는 베팅법을 조합했다.

> - 매매 피로감이 적어야 한다.
> - 손익비가 좋아야 한다.
> - 월 수익률 기대값은 30% 이상을 목표로 한다.
>
> ▶ **눌림 매매 + 손익비 확정**

가장 우선적으로 매매 피로감이 적어야 했다. 나는 오랜 시간 집중이 어려워, 한번 자리에 앉아 몰입할 수 있는 시간을 최대 1시간으로 여겼다. 다음으로 손익비가 좋아야 한다는 것이다. 적게 잃고, 크게 버는 구조여야 했다. 성공확률도 일정 수준 이상이어야 한다. 그래서 월 수익률 기대값은 30% 이상을 목표로 했다. 이 조건을 만족시키기 위해 선택한 게 '눌림 매매+손익비 확정'이다.

즉, 눌림 구간에서 절제된 한 방을 말한다. 내가 가장 좋아하는 구역에서 차라리 원금 1,000만 원을 한 번에 사고, 돌파처럼 수익과 손절 구간을 미리 정해 '버티는 방식'이다. 이렇게 하면 뇌동 노출을 줄이고, 손절매 구간이 고정돼 손실 금액을 예측할 수 있어 심리적 안정도 확보된다.

이처럼 내게 맞는 베팅 방법을 찾고 난 후, 9개월 동안 예수금 130만 원을 3,200만 원으로 만드는 소중한 경험을 했다.

나는 소액계좌를 키우기 위한 중요한 수단으로 비중 베팅을 강조한다. 왜 비중 베팅이 필요할까? 주식을 매매하는 이유는 적은 시간 일하고, 충분한 경제적 자유를 얻기 위해서다. 하지만 문제는 내가 가진 돈이 너무 적다는 것이다. 예를 들어 예수금이 1,000만 원이라면

전황_주식 월별손익실현(2015년 12월~2016년 7월)

월 10% 수익금이 고작 100만 원이라 주식으로는 절대로 먹고살기가 힘들다. 그래서 본인의 상황에 맞는 냉정한 현실 분석이 필요하다. 자신이 하는 매매의 최종 기대값이 월 10%라면 10년이 지나도 월 10%이기 때문에 하락장까지 고려하면 계좌의 성장 가능성이 없다. 그래서 나는 주식을 매수할 때 예수금 기준으로 비중을 크게 잡는다.

2015년 초의 나의 베팅 방법에 대해 설명하겠다. 예전에는 외국인과 기관의 수급이 꾸준히 들어오는 종목에서 일봉상 5일선을 처음 이탈했을 때 종가베팅을 하면 3% 정도의 수익을 잘 주었다. 그래서 나는 상승 추세에 있으면서 외국인, 기관이 꾸준히 들어오는 종목을 발견하면 5일선 이탈을 계속 기다렸다. 짧게는 1주일, 길게는 2주씩 아무것도 하지 않고 말이다. 그 종목이 나오고 마땅한 자리가 오면, 미수를 써서 원금의 2.5배수를 베팅했다. 손절은 -3%로 잡았다. 이렇게 계좌는 130만 원에서 3,200만 원이 되었다. 하지만 매번 한 종목에 2.5배수씩 베팅한다는 것의 의미도 생각해봐야 한다. 원금이 소액일 때는 '잃어도 그만'이라는 생각에 가능하지만, 베팅 금액이 억대가 넘어가면 말이 달라진다. 그래서 베팅에 대해 다시 고민하기 시작했다. 인간이라면 '심리'를 배제할 수가 없기 때문이다. 나는 한 가정의 가장이기 때문에 한 달에 '월 천'이 아닌 '월 억'을 버는 트레이더가 되어야만 했다. 금액에 따른 심리를 이기는 베팅 방법에 대해 한동안 깊은 고민을 했다.

한 종목에 억 단위 베팅을 하면서 계좌의 우상향 추세를 유지하는 방법은 뭐가 있을까? 결국 초반의 작은 성공을 유지하기 위해서는 매매 금액이 커짐에 따라 생각도 커져야 하는데, 이게 말처럼 쉽지 않다. 초반에 한 종목에 2.5배수씩 해보니 상승 구간에서는 계좌가 끝없이 증가하지만, 그게 꺾여서 내려올 때는 더 격하게 내려온다는 문제점이 발생하면서 자신감 또한 곤두박질친다. 그래서 생각한 방법이 계좌 자본금에 맞춰 종가베팅 금액을 조절하는 방법이다. 소액에서는 키움증권에서 미수 집중투자, 소위 몰빵이 2.5배이고, 원금이 늘어나면 증거금에 따라 원금의 5배까지 미수를 쓸 수 있다. 미래에셋증권의 경우 신용, 미수를 포함 원금의 7배까지 매수가 가능하다. 그래서 무조건 미수 몰빵이 아닌 원금의 2배수만 맞추는 방법을 생각했다. 장중에는 베팅(최대 3배수)을 크게 하더라도, 종가 부근에는 2배수에 맞춰 자른다. 예를 들어 오늘 내 예수금이 1억 원이라면, 종가에 들고 있는 금액은 2억 원, 내일 예수금이 1억 1천만 원이라면 종가에 2억 2

천만 원을 들고 가는 방식이다. 계좌가 줄어들었을 경우 그에 맞춰 가지고 간다. 종가에는 그날 계좌 비율에 맞게 맞추면, 시장이 너무 좋아서 많은 종목을 사더라도 종가에는 정비중으로 줄어들기 때문에 시장으로부터 오는 리스크를 줄일 수 있다. 어떠한 구간에서도 비율을 맞춤으로써 상승할 때 계좌가 증가하면서 수익금이 같이 증가해 복리의 혜택을 누릴 수 있고, 비율만 생각하기 때문에 금액적인 성장의 부담을 줄일 수 있다. 이러한 일을 소액으로 매매할 때부터 하다 보니, 현재 15억~20억 원을 가져도 심리상 큰 부담이 없다. 물론 단점은 미수 사용이기 때문에 하락 사이클 구간에서는 계좌에 대참사 날 수 있다. 따라서 종목 선정과 절제된 매매로 커버해야만 한다. 이러한 베팅을 가능하게 만들기 위해서 변동성이 낮고 호가가 단단한 '대형주'를 선호하는 것이다.

그럼 손절매는 어떻게 생각하고 방향을 잡아서 해야 할까? 손절에서도 우선순위가 필요하다. 나의 1순위는 내가 물려있는 계좌가 전체 예수금의 10%를 넘는 경우, 전체 종목을 일괄 손절한다. 단기 트레이더의 경우 원금의 10% 정도는 손실 볼 수 있기 때문에 그것을 인정한다. 보통 세 종목을 들고 가는데, 원금에서 －10%를 맞았다는 것은 개별 종목 리스크보다 시장 리스크 차원이라 이 원칙만은 반드시 지킨다. 현재 시장 자체가 흔들릴 수도 있기 때문이다. 그냥 놔둔다면 오히려 더 큰 손절매를 불러올 수 있다. 2순위는 기법 자리에서 베팅 후 그 종목이 －5%가 되면 바로 손절한다. 그것은 그 종목의 리스크라고 본다. 내가 산 자리에서 -5%가 된다는 것은 잘못된 매매다. 3순위는 만약 종가 부근에 왔는데 장중에 많은 종목이 잡혀 보유 한도를 넘어갈 때(계좌의 2배수)에는 가장 안 좋아 보이는 종목을 손절해 비율을 관리한다. 나의 현재 계좌 관리 비율은 다음과 같다.

> **계좌 10억 원 기준 계좌관리 비율**
>
> 최대 종가 홀딩 금액 : 20억 원(200%)
> 1종목 최대 베팅 금액 : 7억 원(계좌 대비 70%)
> 시장이 좋아 3종목 베팅 시: 장중 최대 21억 원까지 가능(종가 전 20억 원으로 조정)

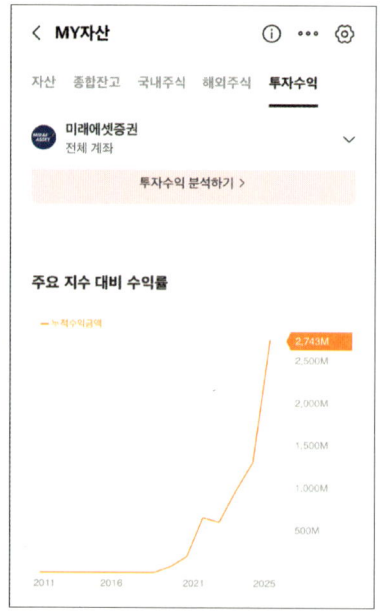

전황 전체 누적수익금액 그래프
_미래에셋증권

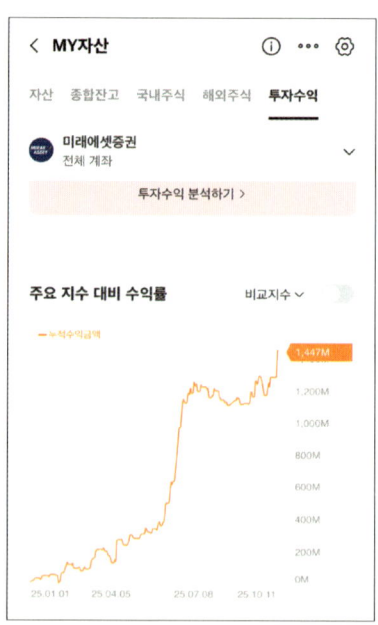

전황 2025년 수익 그래프
_미래에셋증권

매일
한결같은 루틴

항상 삶의 루틴이 일정하도록

전업트레이더를 꿈꾸는 많은 사람은 이 직업의 어떤 면을 좋아할까? 매일 쳇바퀴처럼 굴러가는 회사에서의 삶. 사람들과 부대끼며 협업해야 하는 복잡한 인간관계. 긴 출퇴근길. 맛없는 점심으로 배를 채우고 오후의 식곤증을 참아내야 하는 직장인의 일상. 다양한 배경의 사람들이 워라밸(워크라이프 밸런스의 축약어)을 찾기 위해 전업트레이더를 꿈꾼다. 얼마나 좋은가? 단 몇 시간 만에 직장인의 한 달 월급보다 많은 수익을 낼 수 있다(물론 성공한 트레이더가 되었을 때). 그뿐만 아니라 남들 출근하는 시간에 느지막이 일어나(혹은 계속 자도 되는) 브런치를 먹으며, 경제 뉴스를 잠깐 읽어보다가 다른 창을 띄워 연차 걱정 없이 비행기표를 예약하는 삶. 어쩌면 그런 환상들이 있지 않을까? 물론 이 책을 읽는 사람들은 앞의 문장들을 읽으며 비웃을 것이다. 그건 정말 환상일 뿐이라는 걸 누구보다 잘 알고 있을 테니까.

나는 전업트레이더를 꿈꾸는 이들에게 워라밸 따위는 없다고 강조한다. 전 세계에서 일어나는 각종 뉴스를 민감하게 읽어내야 하고, 주말에는 뉴스 감옥에서 시간을 보낸다. 아이와 함께하는 시간에도 한 손에는 스마트폰을 들고 시황을 끊임없이 점검한다. 지난해 이후로는 나스닥까지 살펴야 하니 새벽에도 여러 번 잠을 깬다. 일과 생활 간의 분리가 없다. 일 속에 생활이 들어온 건지, 생활 속에 일이 들어온 건지 정확히 구분하기 어렵다.

사실 변동성이 큰 코인 트레이더들은 아마 더 심하면 심했지, 덜하진 않을 테다. 많은 트레이더는 모든 신경을 주식과 코인에 집중한다. 그러다 보니 정상적인 생활 루틴을 갖기가 어렵다. 출퇴근 시간이 없으니 조금만 방심하면 자기 마음대로 움직인다. 자는 것도, 먹는 것도, 노는 것도. 매일 (뉴스 보다가) 자고, (뉴스 보다가) 먹고, (뉴스 보면서) 논다. 주변의 많은 트레이더가 의외로 이러한 생활 속에서 망가진다. 과거 어느 정도 성공을 이루었음에도 자기관리에 실패하고 정상 루틴을 잃어버리는 경우가 대부분이다.

어디선가 언급했지만 예전에 나는 축구를 하다가 다친 적이 있다. 당시에도 운동을 싫어했지만 친구들의 등살에 억지로 움직였던 건데, 다치기까지 하니 운동이 정말 싫어졌다. 야외활동을 즐기는 편이 아니라 피부도 하얗다. 만일 어딘가로 여행을 가더라도 액티비티보다는 휴양을 훨씬 선호하는 편이다. 극단적으로는 히키코모리에 비유할 수도 있겠다. 사실 주식시장에 들어와서 몇 년은 거의 사람들을 만나지도 않았다. 매매가 잘 풀리지 않았으니, 더욱 동굴 속으로 파고들었던 것이다.

최근 몇 년간, 어느 정도 매매가 안정화되었다고 느꼈던 시점부터 나는 변했다. 무너진 루틴과 생활 습관을 교정하는 게 무엇보다도 중요하다고 여겼다. 그렇다고 해서 사람의 본질이 변하지는 않지만, 최소한 나태해지지 말자는 게 목표였다. 나는 매일 아침 6시에 일어나서 30분 정도 미국장의 상황을 파악하고, 여러 뉴스를 정리하는 시간을 갖는다. 최근에는 블로그를 시작하면서 이 시간에 글을 올리고 있다. 7시가 좀 넘은 시간부터는 매일 운동을 한다. 주 5회 PT를 끊었다. 도저히 자력으로는 운동이 되지 않아, 엄한 선생님의 명령 아래 억지로 운동하고 있다. 운동하는 시간 동안 생각을 정리하고 나면 오전 장을 맞이할 준비가 끝난다. 이 루틴을 실천한 지도 거의 5년이 되어간다. 전업트레이더로 살아온 10년 동안 최소 절반을 지키며 살아왔다. 앞으로 20년도 마찬가지로 같은 루틴을 지키며 가려고 한다.

주식시장 오픈하기 전에 하는 일

보통 오전에는 정말 많은 뉴스가 쏟아진다. 당연히 오늘 테마주 등을 올리기 위해서 세력들이 만든 그럴듯한 뉴스도 많이 뜬다. 또 전 세계적으로 쏟아져 나오는 각종 지표들의 발표로 인해서 해외 시장의 움직임, 그중에서도 미국 시장의 동향을 살핀다. 당연히 그와 관련되어서 오늘 우리 시장은 어떻게 움직일 것인가에 대해 쏟아져 나온 각종 뷰도 점검해야 한다. 대부분 오전장이 시작되기 전에 이런 준비를 끝내야 하므로 예전에는 아침에 운동이나 다른 일들을 하지 못했다. 그래도 최근 들어 각종 텔레그램이나 유튜브 등의 능력 있는 개인 매체들이 많아져 시간을 벌었다. 미국 시장에서 주로 움직였던 이슈와 테마들 그리고 관련 종목들을 해석해 주는 유튜브들이 많으니 효율적으로 시간을 쓰기 위해서 그들을 사용하는 것을 추천한다. 그들 또한 내가 하기 귀찮은 반복적인 일들을 항상 정리해주니, 요즘은 주식 하기에 정말 좋은 환경이라는 생각이 든다. 물론 뉴스나 이슈에 매몰되어서는 안 된다. 그저 '이런 이슈들이 있구나' 정도로만 가져가야지, 뉴스만을 믿고 따라서 매수하는 일은 절대 추천하지 않는다. 정보를 접하고 나서 그에 맞는 전략을 고민하고, 충분히 인지한 다음에 자신의 전략대로 움직여야 한다. 이때 트레이딩을 하면서 수익을 내는 기회를 만들 수 있다.

10시 30분까지는 매매에 집중, 2시까지는 한 박자 쉬기

많은 트레이더가 점심시간에는 매매를 피하라는 말을 많이 한다. 예전에는 하루가 모자라는데 점심시간을 비우라니, '배부른 소리가 아닌가?' 하는 생각도 했다. 하지만 많은 시간을 트레이딩해 봤을 때, 장기적으로 가장 적합하지 않은 시간대는 그들의 말처럼 점심시간이었다. 이왕 11시에 매수하려고 한다면 차라리 10시에 용기를 가지고 매수에 동참하는 게 맞고, 그보다 더 이른 시간에 매매하는 것이 맞다고 생각한다. 요즘 시장의 경우에는 1시간 정도 주식이 상승하고, 나머지 5시간 30분 정도는 옆으로 횡보하거나 하락하는 상황을 많이 볼 수 있다. 그래서 오늘 매수하고자 했다면, 아침 9시에서 10시 사이에 용기를 내서 매수하고 손절선을 짧게 잡고 트레이딩하는 편이 낫다. 또 내일을 위한 베팅을 할 경우에는 차라리 2시 30분 이후로 당일 매매에 대해서 청산하는 물량들을 매수해서 넘어가는 것이 데이트레이딩을 하는 내 입장에서는 가장 좋은 전략이다.

2시 이후 다음 날 준비, 종가 베팅 준비

나는 보통 다음 날 갈 주식을 미리 매수한다고 한다면 2시 이후부터 3시 전까지 매수하는 편이다. 이 부분은 시장 상황에 따라서 당연히 달라져야 한다. 시장의 대표적인 심리지수를 반영하는 코스닥이 5일 이동평균선, 20일 이동평균선까지 정배열을 이루고 있다면 2시 정도부터 사도 될 만큼 좋은 시장이라고 할 수 있다. 만약 정반대의 상황이 펼쳐진다고 한다면, 우리의 전략은 3시~3시 30분까지 붙여서 매수하는 전략을 짜야 한다. 오후 장에 다음 날을 위해서 종가 베팅을 하는 경우에는 항상 지금의 시장 상황이 어떤지에 대한 확인이 선행되어야 한다. 그다음에 시간대를 보면서 분할 베팅이 좋다. 나는 성격이 급해서 보통 2분할 정도로 매수에 임하는 편이다.

주식시장이 끝나면 매매일지 작성

성공한 트레이더들은 항상 매매일지를 작성하라는 말을 공통으로 한다. 나도 주변 트레이더들에게 같은 잔소리를 한다. 보통 초보 시절 주식을 매매할 때는 시장에 너무 집중한 나머지, 매매일지를 작성하지 않아도 내가 했던 매매의 80% 이상을 항상 기억할 수 있었다. 당연히 그때의 느낌도 똑같이 말이다. 그런데 시간이 흘러 10년 차 정도의 트레이더로 생활해 보니, 그 루틴을 다 기억하지 못하는 첫 번째 문제에 부딪힌다. 그리고 긴 시간 동안 경험한 시장의 순환성이다. 어느 해에는 강세장이 올 수도, 어떤 해는 약세장에 세력주만 움직일 때도, 어느 때는 대형주들이 달려나가는 강세장이 있을 수 있다. 모든 시장에 다 통하는 매매법은 사실 존재하지 않는다. 결국에는 그 시장에 맞는 매매법을 빠르게 적용해서 수익을 내든지 그렇지 못할 경우 시장에 흘려보내고 다음을 기약해야 한다. 내 경험상 내가 잘했던 시장은 항상 순환되어 돌아온다는 사실이다. 문제는 내가 지금의 변화하는 시장에만 적응해버리면, 과거의 트레이딩 경험을 잊기 쉽다는 사실이다. 더 큰 문제는 지금 시장에 적응해버렸는데 과거의 시장이 다시 돌아온다는 점이다. 그래서 매매일지를 작성해서 과거의 나를 까먹지 말아야 한다. 과거에 내가 어떤 심리로 어떻게 움직였는지를 기록해 두는 과정이 필요하다. 그 내용을 토대로 현재 시장에 보다 빠르게 적용할 수 있다. 더불어 매매일지는 현 시장의 강세에 대해서 다시 한번 시장이 끝나고 난 뒤에 생각하는 것이기 때문에 실수를 줄일 수 있는 장점이 있다. 트레이더라면 시장이 끝나고 반드시 내가 매매했던 그 시장에 대한 느낀 점과 트레이딩 이유에 대해서 기록하는 습관을 들여야 한다.

언제나 배우는 자세와 굳건한 마인드

2024년 초에 '유 퀴즈'라는 프로그램에서 수능 최초 만점자 오승은 씨가 나왔다. 진로에 대해 고민하던 중 친구가 '너 같이 공부 잘하는 애가 인류 지식의 최전선에서 순수 학문을 해야 한다'고 말했고, 그녀는 수능 만점을 받은 이후 서울대학교 물리학과를 진학했다. 오승은 씨 어머니는 '의대는 큰 항아리 여섯 개에 든 물을 먹어 치우면 되는데, 넌 지금 태평양에 들어가서 뭘 잡아야 할 줄도 모르면서 자맥질을 하는 거 아니냐?'라고 했다. 맞는 말씀이다. 그냥 의대에 가서 정해진 길을 가도 한국 사회에서 인정받으면서 살 수 있는데, 연구는 그 끝을 알 수 없기에 어찌 보면 어머니의 걱정이 이해된다. 그때 오승은 씨 아버지께서는 '항아리 물을 퍼먹는 것보다 자맥질이 재미는 훨씬 더 있다'라며 오히려 딸을 격려했다고 한다. 여기서 포인트는 주식도 그러한 순수 학문과 같다. 정해진 답도 없지만, 스스로 철학을 세우고 남의 의견에 개방적이지만 방향과 판단은 본인이 해야 하며 개척해 나가는 것이다. 언제나 개방적인 사고로 배우는 자세로 말이다.

개인적으로 수많은 주식 온라인 강의를 들어봤다. 강의에서는 돈을 버는 방법을 배우기보다는 나의 사고를 확장시키는 데 주력했다. 이 강사는 뭘 중점적으로 보는지, 본인의 매매에 어떤 확신을 갖고 있는지, 주식에 대한 태도는 어떤지 말이다. 그걸 통해서 나 스스로 발전도 하고 후퇴도 많이 해 본 사람으로 요즘 주식 강사들을 보면 진실보다는 거짓된 사람들이 많다는 것을 느낀다. 얼마를 벌었던, 모든 계좌를 시원하게 월별로 오픈해 주면 얼마나 좋을까? 몇 종목으로 얼마 벌었다느니, 상한가 매매를 해서 얼마를 먹었느니 하고 수익을 낸 종목만 올리는 것이 대부분이다. 그 강사들의 계좌를 실제로 오픈해 보면 상상했던 것보다 훨씬 못할 것이다. 어떤 강사는 자신은 계좌는 안 되지만 강의만큼은 정말 최고라고 말하는 말도 안 되는 소리를 하는 사람도 봤다. 참 웃긴 일이 아닐 수 없다. 월별로 수익이 난다는 것은 많은 의미가 있다. 이 말은 자기 스스로 한 달간 자기관리를 하고 뇌동을 통제하고, 숱한 스트레스를 겪으면서도 심리를 잘 다스려야만 월 단위로 수익이 생기는 것이다. 자기 절제력을 가지지 못해 실패하는 사람에게 무엇을 배울 수 있을까. 하루 이틀 수익이 중요한 게 아니다. 결국 꾸준히 나아가서 잠시 후퇴하고, 큰 전진도 하면서 결국은 본인이 가고자 하는 목표 지점에 도달하는 것이 중요하다.

한 달에 월 천, 월 삼천, 월 오천, 월 억의 반열에 오를 때마다 그런 생각을 했다. 대체 몇억씩 수익 나는 고수들은 어떤 기분일까. 그런 마음으로 한 단계 나아갈 때마다 도장 깨기를 하듯 주식을 해왔다. 지금까지 느껴보니 초보일 때는 내 위에 있는 트레이더들이 정말 대단하고 아우라가 느껴졌는데, 막상 그 입장이 되니 그냥 예나 지금이나 똑같다. 나 또한 여전히 매매가 아쉽고 나의 실수에 의한 또는 나의 부족함과 어리석음으로 비롯된 손해에 대한 아픔은 늘 크고 안타깝고, 잠을 못 잘 정도로 자신에게 화가 난다. 과거나 지금이나 반복적으로 똑같다. 언젠가 김연아 선수 인터뷰를 본 기억이 난다. 열심히 연습을 하고 있는 김연아 선수에게 "무슨 생각을 하면서 훈련을 하세요?"라고 물었다. 아마도 기자는 어떤 목표를 가지고 열심히 훈련하고 있다는 대답을 예상한 것처럼 보였지만 김연아 선수는 "아무 생각 없어요. 그냥 하는 거예요." 이렇게 말한다. 주식도 똑같다. 우린 그냥 단순히 우리가 정해놓은 루틴 속에서 하루하루 고통받으면서 쌓아갈 뿐이다.

지난달, 네이버라는 종목에게 1억이라는 돈을 내어주었다. 하루 종일 물리고 버티다가 손절을 하면 몸과 마음이 너무 피곤하다. 대략 2시간 정도 자고 깨서, 다시 잠에 못들고 있다가 주식 차트를 다시 돌려본다. 참 후회가 많이 남았던 하루였던 것 같다. 왜 그랬을까. 스스로에게 질문하다 보니, 참 많은 핑계로 스스로 합리화시키고 있다. 그럴듯한 핑계도 시장에서는 통하지 않는다. '조금만 기다리면 반등하겠지'라는 안일한 마음이 정말 끝없이 손해를 키웠던 하루다. 이렇게 멘탈이 깨지고 있을 때는 의미 없는 행동을 하지 않기 위해 그 자리에서 일어나 주식 외의 것을 해야 한다. 아쉽더라도 박차고 일어나야 한다. 이게 용기고 굳건한 마인드다.

주식은 운칠기삼이라고 한다. 주식에는 답이 없으므로 수많은 방법이 존재한다. 그중에서 자신에게 맞는 방법을 찾아서 빠르게 성장하는 건 운의 영역이다. 현재 주식 매매가 잘되지 않고, 아직 어둡고 긴 터널에 있다면 스스로 너무 자책하지 말자. 천천히 준비하다 보면, 어느 순간 나의 기질과 맞으면서 성장하는 날이 반드시 올 것이다.

전황 실제 계좌 인증

(미래에셋_2019년~2025년 10월)

2019년

2020년

2021년

일자	매수금액	매도금액	매매비용	손익금액	수익률
기간 매수금액	177,213,308,952		매매비용	435,820,356	손익금액 505,148,334
기간 매도금액	178,682,810,733				수익률 0.28
2021/01/04	2,281,736,370	2,220,984,680	5,338,043	38,153,507	1.75
2021/01/05	1,546,868,130	1,535,303,215	3,702,478	4,074,255	0.27
2021/01/06	2,011,718,905	1,743,920,050	4,152,135	-12,137,784	-0.69
2021/01/07	1,048,724,890	1,066,899,495	2,560,488	55,709,054	5.51
2021/01/08	2,294,155,060	2,493,228,620	6,173,673	14,874,895	0.60
2021/01/11	3,110,523,880	2,385,582,600	5,658,551	37,714,156	1.61
2021/01/12	2,778,257,870	2,453,565,525	5,834,499	18,990,632	0.78
2021/01/13	763,593,200	1,467,204,010	3,659,309	20,147,035	1.39
2021/01/14	998,822,495	801,434,000	1,901,480	1,959,042	0.25
2021/01/15	2,157,477,860	1,748,572,365	4,482,426	9,856,281	0.57
2021/01/18	2,176,278,035	1,343,075,280	3,344,021	-958,411	-0.07
2021/01/19	890,424,300	2,533,265,985	6,113,766	53,843,534	2.17
2021/01/20	498,289,300	506,450,700	1,255,540	48,624,265	10.62
2021/01/21	1,795,740,885	1,252,615,800	3,056,957	22,669,578	1.84
2021/01/22	1,688,310,550	1,969,383,430	5,135,148	33,334,777	1.72

2022년

일자	매수금액	매도금액	매매비용	손익금액	수익률
기간 매수금액	87,064,322,380		매매비용	219,851,537	손익금액 -43,384,229
기간 매도금액	87,717,428,720				수익률 -0.05
2022/01/03	369,329,120	200,908,000	476,638	333,562	0.17
2022/01/04	1,079,077,050	886,598,770	2,103,688	-4,098,833	-0.46
2022/01/05	740,468,800	657,704,850	1,560,515	-4,621,011	-0.70
2022/01/06	829,503,900	1,228,069,300	2,915,450	-43,767,955	-3.44
2022/01/10	559,278,100	0	0	0	0.00
2022/01/11	384,965,600	65,760,200	156,067	-286,466	-0.43
2022/01/12	232,806,200	882,641,050	2,093,707	9,100,027	1.04
2022/01/13	835,886,390	955,328,830	2,266,929	-6,934,296	-0.72
2022/01/14	59,993,940	114,945,000	272,753	-929,940	-0.80
2022/01/17	29,996,820	0	0	0	0.00
2022/01/18	269,635,730	121,457,700	288,120	861,020	0.71
2022/01/19	676,438,070	906,529,530	2,151,238	-11,377,710	-1.24
2022/01/20	80,141,920	40,840,800	96,873	595,527	1.48
2022/01/21	289,914,490	206,279,720	489,146	5,913,424	2.95
2022/01/24	229,334,310	330,107,325	783,224	-129,570	-0.04

2023년

일자	매수금액	매도금액	매매비용	손익금액	수익률
기간 매수금액	57,861,240,001		매매비용	121,984,748	손익금액 354,581,690
기간 매도금액	58,038,912,329				수익률 0.61
2023/01/06	219,267,895	107,479,740	222,806	-2,233,976	-2.04
2023/01/09	378,343,430	382,780,095	793,112	3,895,348	1.03
2023/01/10	99,175,420	71,758,710	148,621	1,606,290	2.29
2023/01/11	0	138,751,760	287,524	-726,164	-0.52
2023/01/12	136,018,460	25,784,955	53,403	372,822	1.47
2023/01/13	0	101,032,590	209,271	1,076,579	1.08
2023/01/16	360,331,400	238,877,500	495,047	947,726	0.40
2023/01/17	342,230,350	369,749,800	766,334	858,871	0.23
2023/01/18	0	107,837,850	223,475	-301,050	-0.28
2023/01/25	449,182,150	89,562,000	185,610	-185,610	-0.21
2023/01/26	1,101,629,350	999,181,650	2,071,417	-15,837,772	-1.54
2023/01/27	299,824,780	754,117,205	1,562,655	4,228,275	0.56
2023/01/30	109,779,700	0	0	0	0.00
2023/01/31	673,818,060	441,585,020	915,154	1,908,457	0.43
2023/02/01	270,081,668	515,276,815	1,067,625	4,265,968	0.83

2024년

[0613] 기간별매매일지

기간 2024/01/01 ~ 2024/12/31

| 기간 매수금액 | 105,847,682,950 | 총 매매비용 | 202,825,250 | 총 손익금액 | 337,349,454 |
| 기간 매도금액 | 106,686,751,550 | | | 총 수익률 | 0.32 |

일자	매수금액	매도금액	매매비용	손익금액	수익률
2024/01/03	0	304,341,500	609,405	4,838,095	1.62
2024/02/06	586,109,600	71,582,800	133,619	11,447,786	19.04
2024/02/08	446,279,600	349,901,200	655,332	-2,061,206	-0.59
2024/02/13	299,541,000	478,475,800	894,813	31,743,071	7.11
2024/02/14	401,737,800	597,787,000	1,118,787	18,518,256	3.20
2024/02/15	1,193,765,000	707,957,500	1,325,650	2,602,663	0.37
2024/02/16	0	801,200,500	1,499,944	11,593,159	1.47
2024/02/19	2,104,008,760	1,497,336,800	2,804,000	-3,478,615	-0.23
2024/02/20	299,024,000	886,122,080	1,660,143	-20,558,623	-2.27
2024/02/21	598,946,200	585,463,600	1,096,918	-14,579,517	-2.43
2024/02/22	1,614,920,920	1,017,097,760	1,904,179	11,552,459	1.15
2024/02/23	1,262,503,700	1,853,601,600	3,471,840	-23,653,761	-1.26
2024/02/26	298,896,000	0	0	0	0.00
2024/02/27	200,751,300	341,811,600	640,370	-7,699,370	-2.20
2024/02/28	1,045,616,500	715,381,900	1,339,534	17,161,466	2.46

2025년

[0616] 주식 월별손익현황

기간 2025/01 ~ 2025/10 3개월 6개월 1년 ☑매매비용

| 기간 총 평가손익 | 763,400 | 기간 총 매매손익 | 1,453,024,169 | 기간 총 매매비용 | 392,281,889 | 기간 총 수익 | 1,453,787,569 |

월	월초 자산총액	월말 자산총액	매수	매도	매매비용	기간 평가손익	실현손익	총 수익
2025/01	286,987,902	295,054,200	11,047,985,895	10,627,374,930	16,711,529	-5,350	45,540,041	45,534,691
2025/02	295,054,200	300,062,896	10,583,283,580	10,584,620,090	16,643,916	-15,958,750	48,487,760	32,529,010
2025/03	300,062,896	537,021,888	11,720,935,390	12,370,512,460	21,021,931	15,964,100	81,897,438	97,861,538
2025/04	537,021,888	613,109,097	11,326,281,080	11,446,791,420	18,683,994	0	101,826,390	101,826,390
2025/05	613,109,097	659,314,904	32,347,043,825	31,607,580,070	49,518,383	-6,820,310	83,745,091	76,924,781
2025/06	659,314,904	1,430,089,896	52,574,838,120	53,318,748,035	83,517,066	41,859,010	786,108,653	827,967,663
2025/07	1,430,089,896	1,334,150,720	47,893,790,870	49,022,201,720	76,977,959	-35,038,700	52,989,921	17,951,221
2025/08	1,334,150,720	1,227,774,005	22,258,231,250	22,212,995,060	35,088,896	0	-80,325,000	-80,325,000
2025/09	1,227,774,005	1,180,068,459	42,361,308,975	42,560,580,200	66,579,060	0	132,692,314	132,692,314
2025/10	1,180,068,459	1,361,354,367	7,820,515,800	4,833,129,400	7,539,155	763,400	200,061,561	200,824,961

미래에셋 전체
(2019년 ~ 2025년 10월)

[0613] 기간별매매일지

기간 2019/09/01 ~ 2025/10/11

| 기간 매수금액 | 711,220,000,738 | 총 매매비용 | 1,457,555,764 | 총 손익금액 | 2,751,414,916 |
| 기간 매도금액 | 712,334,196,602 | | | 총 수익률 | 0.39 |

일자	매수금액	매도금액	매매비용	손익금액	수익률
2025/09/15	1,297,474,000	4,594,040,500	7,157,426	99,125,089	2.21
2025/09/16	3,795,606,750	1,407,761,000	2,205,889	6,009,511	0.43
2025/09/17	499,743,000	2,373,128,750	3,711,972	-26,644,351	-1.11
2025/09/18	3,298,133,700	505,719,000	790,493	5,185,507	1.04
2025/09/19	0	3,348,792,800	5,226,471	45,432,638	1.38
2025/09/22	3,912,626,300	3,896,929,800	6,109,792	-21,806,292	-0.56
2025/09/23	4,817,591,100	1,549,358,200	2,428,243	-18,688,744	-1.19
2025/09/24	1,196,317,500	3,216,214,500	5,018,710	-40,776,512	-1.25
2025/09/25	1,468,462,000	2,631,106,400	4,126,372	-37,799,456	-1.42
2025/09/26	1,681,827,000	0	0	0	0.00
2025/09/29	2,394,266,000	1,730,260,000	2,719,574	45,713,426	2.71
2025/09/30	1,894,367,750	4,325,700,000	6,772,696	30,293,554	0.71
2025/10/01	1,198,157,500	1,176,327,000	1,837,155	-23,667,659	-1.97
2025/10/02	2,927,501,200	0	0	0	0.00
2025/10/10	3,694,857,100	3,656,802,400	5,702,000	223,729,220	6.52

전황 실제 계좌 인증

130만 원으로 20억 만든 주식 실전 매매 전략
대형주 추세추종 투자법칙
Trend Following with Large-Caps

초판 1쇄 발행 · 2025년 11월 5일
초판 7쇄 발행 · 2025년 12월 8일

지은이 · 이종호(전황)
발행인 · 이치영
발행처 · 사피엔테스(주)
주소 · 경기도 파주시 재두루미길 70, 305호
대표 전화 · 031)934-0550
홈페이지 · www.sapientes.co.kr
이메일 · info.sapientes@gmail.com

기획 · 이치영(young@sapientes.co.kr) | **편집** · 김민석
영업 및 마케팅 · 박미애

편집진행 · 이정현 | **디자인** · 김윤남디자인
인쇄 · 예림인쇄 | **제본** · 예림바인딩

ⓒ 이종호, 2025

ISBN 979-11-995090-0-9 03320
정가 22,000원

· 이 책은 저작권법의 보호를 받는 저작물로서 책에 실린 모든 텍스트, 디자인, 이미지, 구성 등을 저작권자의 허락 없이 복제하거나 사용할 수 없습니다.
· 이 책 전체 및 일부의 어떤 내용도 AI 및 관련 기계 학습에 사용하는 것을 금합니다.
· 잘못된 책은 구입하신 곳에서 바꿔드립니다.